佐賀の歴史・中世史編

—— Sagan History Ⅱ ——
—— 豪族達の攻防史と肥前陶磁器 ——

佐賀低平地研究会地方創生部会編

久留米大学名誉教授　大矢野栄次
長崎県立大学　教授　矢野　生子　共著

五絃舎

はじめに

　本書の題名は『佐賀の歴史－中世史編』である。副題の"Sagan History"とは、「佐賀の」という意味を佐賀の方言で「佐賀ン」と言うことからの命名である。これをローマ字で表現して付けた洒落である。九州高速道路の結節点である鳥栖のジャンクションの「四葉のクローバー」から佐賀方向へのカーブの「サガン・クロス」にあやかったものでもある[1]。

　本書は、かつて、佐賀大学経済学部に奉職し、久留米大学経済学部に移った後も佐賀大学低平地研究会地方創生部会（旧経済専門部会）において地方創生部会長として仕事をしてきた関係から、「佐賀の地方創生の基本となる佐賀の文化と歴史，経済政策」などについて長年書き溜めて冊子として発表して来たものを現在の地方創生部会長である長崎県立大学の矢野生子教授（佐賀大学経済学部卒）が再編集して、監修して出版するものである。

　第二部となる本書は、佐賀の中世史編である。平安時代末から鎌倉時代・室町時代・戦国時代にこの肥前において展開されたさまざまな豪族たちの栄枯盛衰の激動の肥前の中世史とその遺産としての肥前陶磁器の歴史の説明である。

　最初に、神埼荘園領の形成から日宋貿易の拠点としての神埼荘園と藤原信西・平忠盛等と肥前との関係について説明する。

　次に、伊佐氏を中心とした平氏勢力の肥前への進出・拡大と神埼荘園との関係である。

1　Jリーグの「サガン鳥栖」は，砂が集まって岩のように団結するという意味で「砂岩」んと名付けられたそうである。

　少弐氏の指導の下での「文永の役」と「弘安の役」の二度の元寇の防衛の為に博多警固に下って来た鎌倉武士たちへの配分地として神埼荘園は400の地頭職に分割された[2]。その後，神埼荘園崩壊に始まる肥前の支配を巡る豪族たちの群雄割拠の興亡史が肥前の中世史の舞台である。次の時代として，戦国時代から江戸の初期の時代までの龍造寺氏の時代から鍋島氏への時代への変遷の歴史が説明される。

　このような佐賀平野への豪族の割拠と栄枯盛衰の裏に，肥前陶磁器の歴史がある。元寇や文禄慶長の役，そして，天草の乱や潜伏キリシタンという日本の中世の対外関係史と国内の肥前陶磁の生産とが歴史的な要因として深く関わりあっていることはあまり知られていない。

　このような肥前陶磁器の生産とその技術の各地域への伝搬の過程において名工と呼ばれた鍋島藩窯御細工人副島勇七の物語を背景に九谷焼や瀬戸焼，そして，砥部焼と肥前陶磁器との関係を説明する。

　2023年8月1日

久留米大学名誉教授　大矢野栄次

長崎県立大学　教授　矢野　生子

目　次

第1章　平家と佐賀神埼荘園領

第1節　平氏の支配地域，筑後と有明海

　神埼荘園は，平安時代の承和3年 (836) に勅旨田になった690町が起源となった肥前国にあった御院領である。神埼荘とも呼ばれた。

　長和4年 (1015) 以前に皇室領として歴代天皇・上皇に相伝されるようになった。

　9世紀の勅旨田荘開発後，背振山門の鹿路氏や廣滝氏が荘園の経営に関わった。やがて，中央から下向してきた藤原氏[3]や平氏の一門がこの地に土着して来たのである。

　朝廷が司る大宰府の湊が鴻臚館 (福岡市中央区) であるのに対して，神埼荘園の湊 (倉敷) は博多の袖の湊 (福岡市博多区) であった (図1.1参照)。神埼荘園と袖の湊との間にはほぼ直線の道路があり，途中の那珂川町には「不入」[4]という地名が残っている。神埼荘園の「不輸・不入」の特権を現わしている地名である。

《倉敷》

　平安時代から平安時代後期の平氏政権期にかけて，神埼荘園は，大宰

3　藤原氏流三瀬氏などがある。
4　「不輸・不入の権」とは，「荘園が田租を免除される特権と，荘園に国家権力を介入させない特権である。」

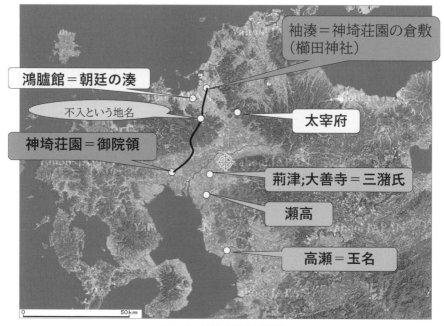

図1.1　神埼荘園と鴻臚館

府，薩摩阿多と併せ日宋貿易の拠点となり，荘官として藤原信西や平忠盛が任命された。このことは有明海が中国大陸との交易の拠点であったことを説明しているのである。彼らは日宋貿易で巨大な利益を上げ，中央において権力を握って行ったのである。特に，平家の歴史は，神埼荘園とともに有明海と日宋貿易の歴史であった。

　外国貿易（遣唐使船）の湊は，有明海の瀬高，高瀬（玉名市），荊津（大善寺）であり，塩田や鹿島も有明海における日宋貿易の重要な港であった。

《伊佐平次兼輔（平兼輔）》

　刀伊の入寇後の11〜12世紀頃，鎮西平氏の一門である伊佐平次兼輔（平兼輔）が神埼荘に土着して，神埼氏（神埼兼輔）を称したと伝わっている

（平兼輔は島津荘を開墾したとされる大宰大監平季基の子と伝わっている）。

仁安3年（1168）に荘官として嵯峨源氏融流の源満末が神埼荘に入っている。満末の子孫は，筑後国三潴郡蒲池の地頭となり，以後，蒲池氏を称している。

文永・弘安の役において，神埼荘は恩賞地配分の対象とされ，神埼地頭職として細分化された。このとき，三島氏族（大山祇神社）の河野氏などが神埼に入っている。南北朝時代になると，神埼荘という名前だけを残して荘園としての実態は失われてしまったのである。

《阿多郡》

阿多郡は，薩摩国（鹿児島県）にあった郡である。阿多郡（南さつま市）は12世紀当時坊津港や万之瀬川河口などの天然の良港を備え，南九州の交易の中心であった。日宋貿易やそれに伴う高麗貿易，南島交易の最重要拠点でもあった。

これらの貿易が朝廷の統制を受けない私貿易であったことから川辺・阿多一族も交易利権において勢力を伸長させた。

第2節　肥前伊佐氏

肥前国鹿島に土着した鎮西平氏流伊佐氏は肥前伊佐氏と呼ばれる。肥前伊佐氏は，桓武平氏繁盛の流れの大掾氏族である常陸国伊佐郡を本貫とした多気氏の庶家であり，伊佐為賢を祖とする。下向前の本貫地は常陸伊佐氏と同地である。

この時代，薩摩の土豪と肥前伊佐氏との間で盛んに婚姻，養子や猶子縁

組がなされた[5]ことから，有明海の北部と南部との交易が盛んになったことを表している。

《鎮西平氏》

　寛仁3年（1019）頃の刀伊の入寇に際し藤原北家藤原隆家が率いた九州武士団および，東国から派遣された武士団に平致行（別名に宗行，あるいは致光），平為賢（別名に為方，大掾為賢），伊佐為忠（別名に為宗）などがいた。

　伊佐為賢は平維幹（大掾維幹，直系五世に多気義幹）の分家の子または庶子と伝わり（『新編常陸国誌』），常陸平氏・大掾氏の一族である。平為賢は肥前国司に任命され後述の藤津荘に入った。平致行は大宰少弐を務めていた。

　平為賢らは刀伊の入寇撃退の恩賞として高来郡を下賜され，伊佐の字をとって伊佐早（諫早）とした。伊佐早に入った一族は肥前船越氏を称した。諫早の船越は大村湾と有明海を結ぶ交通の要衝であり，海外交易のための重要な拠点である。

　ほかに平安時代末期に院近臣の平兼盛（包守）の弟平包信（兼信）が肥前国福田荘に土着し平姓福田氏を称した。

　外寇の鎮圧や任官，あるいは配流のために鎮西に下向した平氏を鎮西平氏と称した。一門としては肥前伊佐氏，福田氏，河邊伊作氏などが上げられる。（図1.2参照）

《肥前国福田荘》

　平安時代末期の治承4年（1180），後白河法皇家臣の平兼盛（平包守）が九州の肥前国老手・手隈の定使職に任ぜられて下向した。その子の平包貞（兼貞）が文治2年（1186）に生手荘の地頭に任命されるが，平包貞に子が

5　養子は家督相続を前提とするが，猶子縁組は家督相続を前提としない親子関係である。

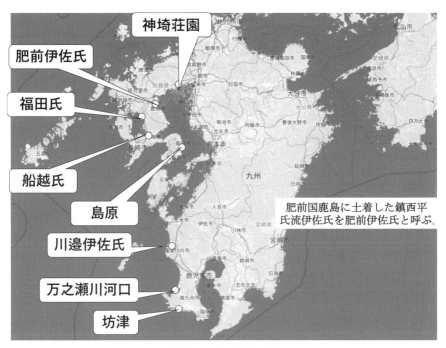

図1.2　鎮西平氏の拡大

鎮西平氏一門伊佐平次兼輔（平兼輔）が神埼荘に土着して，神埼氏（神埼兼輔）を称し，後に，九州各地に広がった。

（出所：グーグル・フラッドにより著者作成（−5m））

無く，文治5年（1189），家督は弟の平包信（兼信）が継いだ。

　平兼信は土着して，文応元年以前に牛手・手隈村を福田郷（福田村）と名付け，自身も福田を名字とし福田平次と称したのが，九州平姓福田氏の始まりである。

第3節　肥前国と筑後国は平氏の領域

　図1.3のように佐賀県と福岡県と大分県には，平家一門の肥前への進出の歴史と高倉天皇，後鳥羽上皇，安徳天皇の逸話が数多く残っている。

　久留米市内には水天宮があり安徳天皇が壇ノ浦の合戦で亡くならず，この地まで逃れてきて育てられたという伝説が残っている。近くには小森野（子守）という地名も残っている。

　後鳥羽天皇の第三皇子である寒厳禅師[6]は，鎌倉時代中期の曹洞宗の禅僧である。父は後鳥羽天皇（『扶桑禅林僧宝伝』）とも順徳天皇（『本朝高僧伝』）とも伝わっており，法皇長老と呼ばれた。京都が平氏に支配されていた時代に渡宋して，平氏滅亡後帰国したために，筑後に留まって仏教信仰と朱子学を教えたとされている。

　後鳥羽天皇・上皇（1180 – 1239）は，安徳天皇（1178 – 85）の弟であるから，寒厳禅師は安徳高倉天皇[7]（1161 – 81）の甥にあたる。

　高倉天皇は，後白河天皇の第七皇子である。母は皇太后平滋子（建春門院）であり，安徳天皇・後鳥羽天皇らの父である。

　治承3年（1179）11月，父である後白河院と舅である平清盛の政治的対立が深まり，治承3年の政変によって後白河院が事実上の幽閉状態に置かれると，高倉天皇自らが政務をとった。

　高倉天皇は，治承4年（1180）2月，平清盛の孫にあたる安徳天皇に譲位し，太上天皇となり，院政を開始するが間もなく病に倒れた。平氏滅亡後，大分県天瀬に流されたという説がある。

　後鳥羽天皇は，高倉天皇の第四皇子である。後白河天皇の孫で，安徳天

6　寒厳義尹（建保5年（1217）– 正安2年（1300））は，寒厳派（法皇派）の派祖である。

7　後白河天皇の子である。

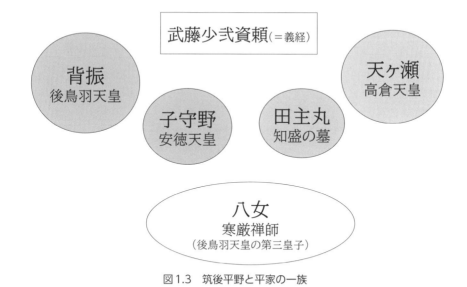

図1.3　筑後平野と平家の一族

皇の異母弟に当たる。母は坊門信隆の娘殖子（七条院）である。文武両道[8]
で，新古今和歌集の編纂でも知られている。

　承久3年（1221）に，鎌倉幕府執権の北条義時に対して討伐の兵を挙げ
た（承久の乱）が，朝廷側が敗北したため隠岐に配流され，延応元年（1239）
に同地（隠岐島）で崩御したとされている。

　しかし，『背振村史』では，後鳥羽天皇は後に隠岐島を脱出して，背振
山中に潜んだという話が書かれている。背振村（神埼市脊振町鹿路）には，今
も，鳥羽院という地名が残っている。

8　後鳥羽天皇は刀を打つことを好み，備前一文字派則宗をはじめ諸国から鍛冶師を召して月
　番を定めて鍛刀させたと伝えられている。また自らも焼刃を入れそれに十六弁の菊紋を毛彫
　りしたという。「御所焼」「菊御作」等と呼ぶ。皇室菊紋のはじまりといわれている。

第4節　源義経と武藤資頼

　源義経と武藤資頼とが同一人物であると考えられる根拠として，次の7つが挙げられる。

① 　歳がほぼ同じであること。

② 　源平合戦の歴史上彼らが登場する地点と彼らのキャリアがほぼ同一であること。

③ 　平家の降人武藤資頼としては鎮西奉行の代官となるには異例の出世であること。

④ 　武藤氏の家紋が源氏（源義家）であること。

⑤ 　平氏滅亡後，平知盛の子である知宗が対馬を支配する宗氏となる過程において，知宗は武藤資頼のかつての主家の子である。この平知宗が武藤資頼の家来になるということは不自然であり異様であること。

⑥ 　対馬の宗氏は平氏であり，武藤資頼はその家臣であったならば，上の⑤とは矛盾するのである。

⑦ 　少弐氏の九州支配が代官の立場にしては，鎌倉幕府を恐れない大胆な行動があること。

　以上の説明に，次の内容を補強して説明することができる。

　一の谷の合戦で，平宗盛の家来であった武藤資頼は義経の侍所として従軍していた梶原影時の下に降人となったこと。そして，大物裏以後，義経が行方不明になった後，武藤資頼は，突然，鎌倉に現われ，三浦義澄にお預けになるのである。武藤資頼は奥州藤原氏討伐に従軍し軍功をたて，出羽の国大泉荘を給せられたということは，武藤資頼は源義経同様に奥州との関係は深いということである。

　また，武藤とは武蔵の国の藤原氏の一門という意味である。武蔵の国の

武士が平知盛の家来として九州にいたのも不自然である。

　そして名前である。資頼とは範頼を助けるという意味ではないだろうか。また，少弐氏三代目と四代目は義経の経をとった経資と盛経であることも興味深い。

　平家の降人武藤資頼としては，鎮西奉行の代官は異例の出世である。なぜならば，平宗盛の家来であった武藤資頼は大宰の少弐となり，後に少弐氏を名乗るには本来の身分が低すぎるのではないだろうか。

　また，筑前・筑後は平家の有力な与党である大蔵氏（原田氏）の勢力範囲であった。源氏に寝返り，大宰の長官となった武藤資頼にこれらの所領を没収されたにもかかわらず，当時，なんの問題も表面化しなかった理由が説明できないのである。

　そして，鎮西奉行として任命された中原親能の代官として赴任した大宰府と，後に，中原氏（大友氏）が赴任する豊後とでは政治的・経済的意味が異なっており，与えられた権限は武藤氏の方が多く強いことにも問題がある。

　武藤氏の家紋である四目結文（寄懸文）は，武藤氏が本来，源氏に縁のあることを示していること。寄懸目結の旗に関しては「姓氏家系辞典」には，源義家が奥州に凶徒追討の際に武藤氏は検校として供奉，戦功をたて源義家から下された家紋であるとしている。しかし，この四目結文は筑紫神社の家紋と同じであることから，大宰府に下った武藤氏が源氏縁の家紋を代々の家紋とした可能性の方が高いのではないかと思われる。すなわち，武藤資頼（義経）は源氏であることを四目結文に残したのである。

　当時，四国・九州は平家領であった。しかし，義経は伊予守を受けており，四国は平定済みである。鎮西奉行となった天野遠景は源範頼と同様に九州支配に失敗するのである。

　しかし，武藤資頼の九州支配は，鎌倉幕府と朝廷の権力を背景として，

松浦党を右腕として，対馬の宗氏を左腕として行われる。源平合戦期において，この松浦党と九州武士団は源平合戦において義経の手勢であったのである。

また，この平氏滅亡後の時期に，平知盛の子である知宗が少弐氏とともに九州で活躍しやがて対馬を支配する宗氏となる過程が異様である。

先述したように対馬の宗氏は平氏であり，武藤資頼は平知盛の家臣であった。

肥前・筑紫に領地を持っていた平知宗は少弐氏の命を受け，寛元3年(1245)，それまで対馬を支配していた阿比留氏を討伐し，以来，対馬の豪族を駆逐し統治権を確立していった。この平知宗は平清盛の子である中務権大輔平知盛の子の平知宗である。

安貞1年 (1227) 5月，少弐資頼は博多において高麗国の使節の面前で悪党 (倭寇) 90人を斬首した。当時，この行為は越権行為であり，外国の圧迫に屈した無道な仕打ちとして非難されたにもかかわらず，武藤資頼は大宰府の権力者としての決断を示したとされている。

第5節　源頼朝の弟である義経は存在しなかった

義経は「九郎曹司」と呼ばれ，鞍馬山を抜け出してからは各地を放浪して過ごしたと考えられている。すなわち，奥州に長く留まったわけではない。

当時，無数に登場しては消えていった義経達の中から，生き残った義経とは，鎌倉の源頼朝によって創りだされ，平家の滅亡とともに，変身し生まれ変わって行く義経像を捉える方が，鎌倉幕府の九州支配との関係からは現実みがあるのではないだろうか。

第6節　源義経と武藤資頼とが同一人物である

これまで平氏の滅亡と鎌倉幕府の成立とともに突然と現われて九州を支配した武藤少弐氏について考え，武藤少弐資頼と源義経との種々の歴史的な共通点を考えることによって少弐氏＝源義経の可能性について考察した。

源義経は少弐資頼であるというこの仮説が成立するならば，源義経は以後，少弐資頼と名乗り，大宰の少弐氏として，四百年にわたり九州一帯を治める少弐氏の基礎を創ったと考えられるのである。そうであるならば，源義経（武藤少弐資頼）の墓は，大宰府の横岳にあることになる。

この仮説を考える切っ掛けとなったのは，佐賀県神埼郡脊振村に伝わる源義経の館跡と静御前の墓である。源義経は奥州で死なずに静御前とともにこの脊振村に居たという話が，脊振村に伝わっているのである。

脊振村には，源義経の家来であった佐藤継信・忠信兄弟の遺児佐藤庄司義忠が建てた武の神九郎神社の社地がある。源義経の館であったとも伝えられている。また，脊振村の佐藤氏の宅には静御前が身を潜めたとも言われその墓というのもある。そして，腰巻山の中腹には弁慶がたてたという「立石さん」という岩がある。

《参考文献》
1. 石井進著，鎌倉幕府，「日本の歴史7」，中央公論社，1965年8月
2. 渡辺文吉著，「武藤少弐興亡史」，海鳥社，1989年9月
3. 棚橋光男著，王朝の社会，「日本の歴史4」，小学館，1988年4月
4. 五味文彦著，鎌倉と京，「日本の歴史4」，小学館，1988年5月
5. 荒木栄司著，「菊池一族の興亡」，熊本出版文化会館，1988年4月
6. 中山義秀・他訳，「平家物語」，河出書房新社，1963年11月
7. 「藤原四代」，歴史群像シリーズ，学研，1993年7月

8. 脊振村公民館編,「脊振路」, 1965 年 12 月
9. 日本史用語辞典, 山川出版社, 1989 年 11 月

第2章　千葉氏，多久氏，少弐氏と肥前

第1節　南北朝時代の九州中部と南部

　室町時代，北朝方より南九州を治めるために畠山直顕が日向国に派遣され，南朝方の勢力と対立した。

　島津氏など在地勢力は北朝と南朝との間を転々とすることにより，畠山直顕の支配に抵抗した。畠山直顕は「観応の擾乱」（1350～1352）において足利直義に味方し，足利尊氏方に味方した島津氏と争い敗れた。

　その後，九州探題は南九州支配に失敗し，日向国の守護職は島津氏が世襲するようになった。日向国は群雄割拠状況となり，南北朝から室町時代中期に，北部土持氏，中央部伊東氏，南西部北原氏，南東部豊州島津氏，北郷氏，新納氏と島津一族が中心となって，各地の国人領主を吸収しながらの勢力争いが展開された。

第2節　小城千葉氏の誕生

　千葉氏は，坂東八平氏の一つである下総の豪族[9]で，守護大名・戦国大名である。通字（とおり字）は「胤」である。

　元寇に出陣した千葉頼胤が戦死し，嫡男の宗胤（37代）が九州に下った。

9　桓武平氏良文流。

　下総を守る家臣団には，兄の宗胤に代わって弟の胤宗を当主に擁立して下総守護とし，兄の宗胤には肥前国に留まるように望む意見が高まった。これに反発する宗胤とそれを支持する家臣はこれに抵抗し，千葉家は長期にわたって紛争を続けた。

　いいかえれば，宗胤が肥前国に居て，下総不在の間に，弟の胤宗が千葉氏宗家家督を横領したのである。弟の胤宗は妻の実家である金沢流北条氏の支援を受けて本拠地千葉荘を掌握したのに対して，兄の宗胤は下総国府と隣接する八幡荘を掌握して対抗した。

　宗胤の子である胤貞は北朝方の足利尊氏に付き，宮方（南朝方）に付いた胤宗の子の貞胤と家督を争った。

　貞胤が北朝方に降伏し，北朝方に寝返った直後に，肥前の胤貞自身が病没したため，小城の千葉家の宗家復帰はならず，下総国千田荘八幡荘は胤貞の次男である胤平から三男胤継に継承された。

《宗胤の次男胤泰が肥前千葉氏を興した》

　肥前国小城郡については猶子[10]（宗胤の次男）の胤泰が継承した。

　弟の胤宗は，金沢流北条氏が崇敬していた律宗（真言律宗）を保護したのに対して，兄の宗胤は八幡荘を拠点としていた日蓮宗（中山門流）を保護するなど，信仰面でも対立していた。

《松尾山日蓮宗本山光勝寺》

　小城の松尾山光勝寺の創建は，文保元年（1317）である。下総の国の地頭であった千葉胤貞公が幕府の代官として九州探題の職を任命された時，

10　兄弟，親戚，また，他人の子を自分の子としたもの。仮に結ぶ親子関係の子の称である。厳密には，養子と区別される。

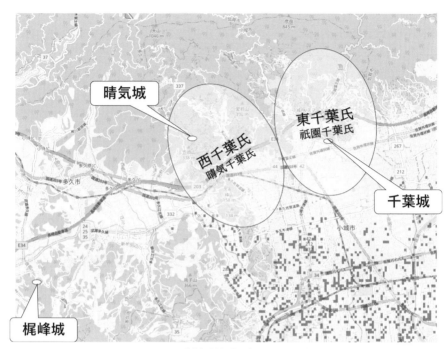

図2.1　小城千葉氏の東西への分裂

中山法華経寺[11]の三代目の住職日祐上人に大役が無事に果たせるように祈願を依頼し，その功績により胤貞は肥前の国を賜った。

　胤貞は日祐上人に感謝して松尾山に光勝寺を建立し，上人を開山（初代の住職）とした。その後，千葉家の信仰により寺は守られ，十三代までは中山法華経寺の住職が光勝寺の住職を兼ねていた。

11　鎌倉時代に日蓮大聖人が最初に開かれた五勝具足の霊場。

第3節　少弐氏の肥前支配の時代

3.1　千葉氏の終焉（少弐氏への隷属）

　小城千葉氏は，室町時代においては肥前国の最有力な豪族として全盛期を迎えた。この頃，李氏朝鮮使臣申淑舟の著書『海東諸国記』に肥前国最大の勢力として千葉氏の名がある。龍造寺氏なども千葉氏の傘下にあった。

　室町時代後期に千葉一族が「西千葉氏（晴気千葉氏）」と「東千葉氏（祇園千葉氏）」に分裂した。

　大内氏に筑前国を追われた少弐氏が肥前に拠点を移すと，分裂して弱体化した千葉氏は少弐氏の勢いに押され，少弐氏の家臣同然と化してしまった。

3.2　少弐氏

　少弐氏とは，中世の北部九州の豪族である。源平争乱の際に（1180～1185）に平氏の家人から鎌倉幕府の御家人となった武藤小次郎資頼を祖とする一族である[12]。

　武藤資頼は，壇ノ浦の合戦（1185年）において平宗盛とともに平氏の大将となった平知盛の家人であった。しかし，武藤資頼は一ノ谷の合戦（1184年）において平氏を見限り梶原景時の陣に投降し三浦義澄にお預けになった平氏の武将である。源頼朝の奥州入りに従軍し軍功を立て源頼朝に認められたのである。

　鎌倉幕府のもとで九州を治める鎮西奉行に，最初は，天野遠景が任命さ

12　武藤小次郎資頼は源義経であるという自説を先の4節の「源義経と武藤少弐資頼」において展開した。

れたが，九州の有力な御家人や大宰府の官僚，荘園の役人等に排撃されてしまった。そこで中原親能[13]が新たに任命され，その代官として武藤資頼が大宰府に赴任したのである。

　武藤資頼は，筑前と豊前，肥前，対馬，壱岐の守護職となり北部九州を統率した[14]。武藤少弐資頼の後を継いだ少弐資能は父の死の4年後（1332）に鎮西奉行に任命された。

　1245年，少弐資能は配下の管領宗惟宗重尚に命じて対馬の在庁官であった阿比留平太郎国時を討伐し，以後，対馬宗氏が歴代島主となる。

　1258年，少弐資能は大宰少弐に任命される。この資能の代より，武藤氏は少弐を姓として定常的に用いるようになった。

　鎌倉時代の文永11年（1274），弘安4年（1281）に元寇が起こり，少弐資能は大宰府の責任者として子の少弐経資や少弐景資らとともに軍の先頭に立ち元の大軍と戦うこととなる。

　弘安の役の際には経資の子の少弐資時が壱岐で戦死し，少弐資能自身も戦闘の際に蒙った傷で死去するなど，一族として大きな犠牲を払うこととなった。この武功により，戦後には筑前・豊前・肥前・壱岐・対馬など北部九州における最大の守護にまで成長して，少弐氏の最盛期を築き上げた。

《両元寇で大将が異なる少弐氏》

　元寇（蒙古襲来）の際の両役において，九州武士団の少弐氏の大将は異なっている。

13　平安時代末期から鎌倉時代初期にかけての下級貴族であり，鎌倉幕府の文官御家人である。十三人の合議制の一人。弟に大江広元がいる。源頼朝の代官として東西に奔走し，朝廷と幕府の折衝に努め，幕府の対公家交渉で大きな功績を果たした。

14　代官として派遣されたとしては破格の条件の広大な領地である。

　文永の役 (1274) の九州武士団の大将は，少弐資能の子であり，経資の弟である三男の少弐景資 (岩門の乱において肥後守護代安達盛宗側に就き共に滅亡する) である。しかし，弘安の役 (1281) の際の九州武士団の大将は，兄の少弐経資だったのである。

　『八幡愚童訓』によると，文永11年 (1274) の文永の役で，少弐景資は10月20日の博多湾沿岸での戦闘において「日本の大将軍」であったと記述されており，景資か彼の郎党が蒙古軍の副司令官のひとり (征東左副都元帥) の劉復亨らしき人物を矢で射止める大功を挙げたと記述されている。弘安4年 (1281) の弘安の役にも参陣して奮戦している。

　弘安の役以後の父資能の死後，景資は兄の経資との間で家督をめぐる争いが起り，弘安8年 (1285) に鎌倉で有力御家人の安達泰盛と内管領の平頼綱とが対立した「霜月騒動」が起きると，景資は泰盛側に与して泰盛の子の肥後守護代安達盛宗と共に筑前で挙兵し，頼綱側に与した兄経資の追討を受け，居城岩門城で敗死した (「岩門合戦」)。享年40歳であった。

　文永の役の際に下松浦党の本家である今福氏とともに戦った弟の少弐景資 (岩門) と安達盛宗が兄の少弐経資と北条方に討たれたのである。

　鎮西探題が設置されて北条氏の力が西国にも及ぶようになると，少弐氏もその配下とされた。以後，肥前において少弐氏の影響力が衰退したのである。

　ここで，文永の役 (1274) の際には，弟の少弐景資が大将であったが，九州の武士団は水城の堤防迄，撤退して元軍の様子を見ている前で博多大唐街を喪失したのである。

　弘安の役 (1281) の際には，兄の少弐経資が大将であり博多で戦っている。その際に，鷹島の松浦党本家が滅亡した。

　そして，この弘安の役の後の「岩門の乱」の後には，九州の9カ国の内の6カ国が北条一門の守護国となっているのである。

　すなわち，弘安の役で滅亡した松浦党の本家に代わって松浦党の分家である平戸松浦氏と兄の少弐経資が江南軍を迎え入れた可能性が大きいのである。元寇の後，彼らは北条氏の博多支配の下で肥前の地を分割したのである。

《元弘の乱と建武の新政》

　鎌倉時代末期の元弘3年／正慶2年（1333）に後醍醐天皇の討幕運動から元弘の乱が起こると，少弐貞経は大友氏らとともに討幕運動に参加し鎮西探題を攻撃した。

　鎌倉幕府滅亡後に後醍醐天皇による建武の新政が開始され，新政から離反した足利尊氏が建武3年（1336）に京都から駆逐され九州へ逃れると，貞経の子の少弐頼尚は尊氏を迎えて赤間関へ赴くが，その最中に宮方に属した肥後国（熊本県）の菊池氏が大宰府を襲撃して父の少弐貞経を滅ぼした。しかし，その後，少弐頼尚は足利尊氏方とともに多々良浜の戦いにて菊池武敏らを破った。

第4節　その後の少弐氏

4.1　南北朝時代

　南北朝時代には，少弐頼尚は九州における足利勢力の九州探題一色範氏と衝突する。足利家の内紛から観応の擾乱が発生すると，少弐頼尚は九州へ逃れた足利直義の養子である足利直冬に娘を娶わせて接近する。

　多々良浜の戦いで敗北した菊池氏は，南朝が征西将軍として派遣した懐良親王を奉じて勢力を拡大しており，少弐頼尚は正平14年／延文4年（1359）の筑後川の戦い（大保原の戦い）で懐良親王・菊池武光の征西府に敗れて大宰府を奪われた。

4.2　室町時代

　この南北朝の時代，九州においては懐良親王の南朝方の勢いが盛んになると少弐頼尚の子は北朝方と南朝方に分かれた。しかし，北朝方についた少弐冬資が，新たに九州探題として派遣された今川貞世（了俊）により水島の陣で謀殺されると，南朝方についた少弐頼澄の下で団結して，反今川勢力として活動した。

　やがて南朝の勢力が衰退し，今川貞世が帰国した後は，代わって九州探題に就任した渋川氏の援護と称して周防の大内氏が北九州にたびたび侵攻するようになり，少弐氏は豊後の大友氏や対馬の宗氏と結んで抵抗した。一時は大内盛見を討ち取って勝利をしたこともあったが，その後は度々敗北し，第12代少弐満貞，第13代少弐資嗣，第15代少弐教頼などが戦死している。

4.3　戦国時代

　戦国時代に入ると，大内氏の筑紫への侵略はますます激しくなった。少弐氏は大内氏の侵攻を懸命に防いだが，次第に劣勢となり，第15代当主少弐政資が大内氏によって討たれて一時滅亡した。

　後に少弐政資の子の少弐資元が第16代当主として少弐氏を再興するが，大内氏の優勢を克服することは困難となり，少弐氏の拠点は大宰府から肥前に移された。

　この時代，肥前北部の綾部には肥前守護職で九州探題であった渋川氏が健在であったので少弐氏は肥前南部に移った。

　当時の肥前南部は九州千葉氏が支配していたが，その内紛に乗じて渋川氏の領地を奪い，さらに大内氏が中央での政争や出雲の尼子氏との抗争に忙殺されている隙をついて一度は勢力を取り戻した。

　だが，家臣の龍造寺家兼の台頭と謀反にあって次第に少弐氏は衰退して

行く。少弐資元は，大内氏の侵攻に耐えられなくなって遂に大内義隆に降伏した。しかし，大内義隆に欺かれて自害を余儀なくされ，少弐氏は一時，滅亡した。

第5節　少弐氏の滅亡

少弐資元の子である第17代少弐冬尚は少弐氏を再興した。

龍造寺氏の謀反に対しては，家臣の馬場頼周に龍造寺氏討伐を委ねた結果，実権をなくしていくことになった。

龍造寺家兼の後を継いだ龍造寺隆信もまた少弐氏への謀反の立場を鮮明にして，永禄2年（1559）に少弐氏の勢福寺城を攻め，少弐冬尚は多久の専称寺にて自害した。冬尚は勢福寺城を隆信に攻められて自害を余儀なくされた。これにより，鎌倉時代から続く名族少弐氏は完全に滅亡した[15]。

少弐冬尚の弟である少弐政興は，永禄6年（1563）から馬場鑑周など旧臣の支援のもとに少弐氏再興戦を期して，有馬晴純・波多鎮・大村純忠・多久宗利・西郷純尚などの肥前の武将達と共に龍造寺隆信と戦った。

しかし，永禄7年（1564）に龍造寺勢の猛攻で肥前中野城に籠るも馬場鑑周は降伏する。その後，少弐政興は大友氏の支援を受けながらなおも龍造寺隆信と戦うが，元亀3年（1572）に隆信によって肥前を追われ，少弐氏再興の野望は潰えた。

少弐冬尚の弟の少弐政興は，永禄6年（1563）から馬場鑑周など旧臣の支援のもと，少弐氏再興戦を有馬晴純・波多鎮・大村純忠・多久宗利・西郷純尚など肥前の武将達と共に龍造寺隆信と戦った。

永禄7年（1564），龍造寺勢の猛攻で肥前中野城に籠るも馬場鑑周は降伏

15　この際，冬尚の子冬敬が出奔していることが近年の研究で明らかになっている。

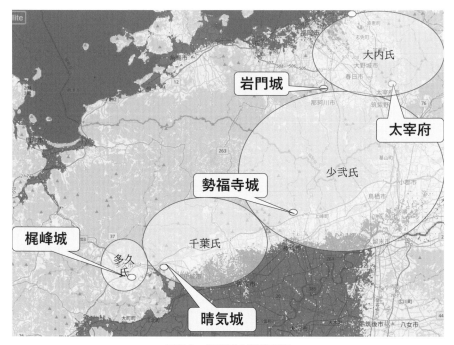

図2.2　少弐氏の肥前支配

（出所：グーグル・フラッドにより著者作成（－5m））

した。少弐政興は大友氏の支援を受けながら隆信と戦うが，元亀3年（1572）に肥前を追われた。

《鍋島清房》

　鍋島清房は龍造寺家兼に仕え，父鍋島清久や兄清泰と共に家兼の重臣として活躍した。享禄3年（1530）の田手畷の戦いにおいて父や野田清孝と共に赤熊武者を率いて大内氏を破る事に貢献した。

　その功により清房は，龍造寺家兼の嫡男である龍造寺家純の娘婿となる事を許される。家兼の信任も厚く，龍造寺家兼が馬場頼周に追われて筑後国の蒲池鑑盛の下へ逃げ，その後に挙兵した際，鍋島清房は少弐氏が馬場

表2.1　少弐氏の家系図

- 初代武藤資頼
- 第2代少弐資能（弘安の役、壱岐、少弐資時共に戦死）
- 第3代少弐経資
- 第4代少弐盛経
- 第5代少弐貞経
- 第6代少弐頼尚
- 第7代少弐直資
- 第8代少弐冬資
- 第9代少弐頼澄
- 第10代少弐貞頼
- 第11代少弐満貞
- 第12代少弐資嗣
- 第13代少弐嘉頼
- 第14代少弐教頼
- 第15代少弐政資
- 第16代少弐資元
- 第17代少弐冬尚（最後の当主）

頼周を援助できないように一揆を煽動する等の知略を見せた。

天文15年（1546）に龍造寺隆信が還俗し，水ヶ江龍造寺家の当主となった。鍋島清房はこの相続に反対であり，相続後もなお難色を示したため，龍造寺本家の家老龍造寺家宗に諭されている。

天文17年（1548），隆信が龍造寺本家を継ぐ際には鍋島清房はその後見役となっている。8月11日に家純の娘である清房の正室が死去すると，弘治2年（1556）に龍造寺隆信の母である慶誾尼が押し掛ける形で後室に入っている。

後に子の鍋島直茂に家督を譲り鍋島清房は隠居した。

天正12年（1584）の沖田畷の戦いの際には，村中城守を守っていたが，子鍋島直茂の生還を知り密かに喜んだとされる。

天文21年（1552），後に鍋島氏の菩提寺となる高伝寺を創建した。

《少弐氏から龍蔵寺氏へ》

少弐氏が滅亡した際，少弐氏側である東千葉家当主の千葉胤頼は実兄少

弐冬尚とともに自刃し，残った西千葉家は龍造寺氏に仕えて，その部将として活動した。

　龍造寺隆信の死後は，龍造寺家の実権を握った鍋島直茂が一時期，西千葉家の千葉胤連の養子だった縁もあり千葉氏は重用され，江戸時代には鍋島姓を与えられて佐賀藩に家老として仕えた。

第6節　多久氏

　肥前の中世の武家の一つに，梶峰城を本拠として現在の多久市周辺を領した多久氏がある。多久氏は鎌倉御家人で，いわゆる「下り衆」であったといわれている。

　平安時代に編纂された『和名類聚抄』の高來郷の項に，「小城郡高來（多久）あり，名義は古に栲木の多き處などにて負せたくるべし」とある。「栲」は「たえ」と読み，人名では「たく」と読む。「栲」は桑科のカジノキの樹皮をはぎ，その繊維で織った布「白栲の衣」のことで，古代の多久は，カジノキやヒメコウゾが繁茂し，白栲の衣の産地であったと思われる。

　建久二年（1191），この多久に多久氏の祖といわれる多久太郎宗直が入った。

《多久氏の出自》

　多久宗直の肥前下向について『九州治乱記』には，「多久太郎宗直とて，右大将頼朝公の御時，鎌倉に仕えてあり。ある時，右大将家御遊の次に御戯ありて，此宗直と朝比奈三郎義秀との相撲を御好みありけるに，宗直二番勝ちけり」といい，その褒美として多久と称するところはすべて恩賞として与えられることになり，日本国中に三ケ所あった多久を賜った。その

うち肥前の多久が最も広かったことから，肥前に下向したのだというのである[16]。

　多久に入部した多久宗直は，寺院や神社を建立し，荒れた寺院などを修復し，領内の政治に意をもちいて人心の平安に勤めたという[17]。

　多久氏の歴史に関して一般的に受け入れられているのは，桓武平氏三浦氏の分かれというものである。これによれば，三浦大介の弟である津久井義行を祖とし，義行から五代の義高の子として生まれたのが多久氏の祖宗直となっている。宗直は源頼朝に仕えて，関東御家人になったという。

《多久氏の動向》

　鎌倉時代の御家人は，日本各地に所領を有していた。そして，惣領は鎌倉にあって幕府に出仕し，各地の所領支配は庶子や家臣を代官として派遣して政治をとらせることが多かった。多久氏の場合も，惣領（多久宗直）は鎌倉にあって，庶子が肥前の所領に下り土着したと考えられる。

　多久庄に下向した多久氏は梶峰城を築き，若宮八幡宮を勧請した。蒙古が襲来してきた「文永の役」の後の建治二年（1276），多久宗国が少弐氏の指揮下で高木・龍造寺氏らとともに博多湾に石塁を作る石築地役を勤めている。

　鎌倉時代後期の多久太郎宗経は，鎌倉幕府の九州統括機関である鎮西探題の使節をつとめている。この宗経は寛元二年（1299）の『鎮西御教書』，嘉元四年（1306）の『多久宗経書下案』，延慶三年（1310）の『鎮西下知状』などに名が見え，肥前の有力御家人であったことがうかがわれる。

16　この記述は，伝説に過ぎないが，多久氏の祖宗直の伝承の基本形となっている。

17　多久宗直の実在を裏付ける史料はいまのところ存在しない。多久氏の名前は各種の鎌倉時代より多くの史料に残されている。『吾妻鏡』の建長二年（1250）に多久平太がみえ，『青方文書』『宗像神社文書』『鎮西探題御教書』などにも多久氏がみえ，多久に土着した多久氏が在地武士として成長していったことが知られている。

　鎌倉時代の後期，多久氏は鎮西探題に出仕しており北条氏に近い存在であった。元弘の乱において鎮西探題は滅亡し鎌倉幕府も崩壊した。この間における多久氏の行動は不明である。

　南北朝時代の暦応四年（1341），多久太郎が九州探題一色範氏の使者を勤めている。

《少弐氏の麾下に属す多久氏》

　多久氏は肥前の有力武士として，鎮西の有力大名である少弐氏の支配下に属していた。

　15世紀には，多久豊前守宗傳が登場する。宗傳は松浦党の諸氏とともに朝鮮貿易を行い，朝鮮の記録である『海東諸国記』の応仁2年（1468）に「多久豊前守源宗傳，居多久，有麾下兵」と記されている。

　『北肥戦史』に「少弐旧好の者」とあるように，多久宗傳は少弐氏に従ってきたのである。少弐氏は多久氏に対して朝鮮貿易の利を分け与え，多久宗傳は朝鮮貿易に有利な松浦党を称して源を名乗った。

　戦国時代，多久氏は高木氏や龍造寺氏らとともに千葉氏に属し，少弐氏を支援して大内軍と戦った。しかし，大内氏の軍事力は強大で，少弐氏は次第に圧迫されるようになっていった。

　明応4年（1495），少弐高経は大内方の原田興種軍と上松浦で戦い，原田軍を撃破した。この戦いに多久氏も参加していた。

　大内義興は少弐氏攻めを企図し，明応6年，重臣の杉氏，陶氏を九州に攻め入らせた。少弐氏は大宰府を失い，少弐高経は神埼の勢福寺城に逃れた。

　大内勢は，肥前に入り勢福寺城を攻撃した。高経は父政資を庇護する千葉胤資の晴気城へ逃れたが，晴気城も大内軍に包囲され，政資・高経父子は胤資の勧めを入れて多久宗時の居城である梶峰城へと走った。政資・高経父子を落したのち，千葉胤資は晴気城から打って出て討死した。

梶峰城に逃れる途中で少弐高経が討たれ，少弐政資は辛うじて梶峰城に入った。しかし，大内勢が梶峰城に押し寄せてくると，多久宗時は少弐政資に自害をすすめ，ついに少弐政資は切腹して果てた。この宗時の行動は「少弐旧好の者」ながら主君を裏切ったとして，「憎まぬ者はなし」と『北肥戦誌』」に記されている。

《少弐氏再興》

豊後の大友氏や少弐氏の旧臣横岳氏らの支援を得た少弐政資の末子である資元が少弐氏を復活させた。資元は勢福寺城を居城として着々と勢力を回復し，将軍家の意向もあって大内氏と和睦，資元は肥前守護となった。

享禄元年（1528），少弐資元が松浦党の支援を得て元の拠点であった大宰府に進出すると，大内義隆は重臣の杉興運に少弐資元討伐を命じた。

享禄3年8月，神埼郡の田手畷で両軍激戦となった。少弐氏の中核は龍造寺家兼（剛忠）であった。戦いは激戦となったが，龍造寺氏配下の鍋島清昌が赤熊とよばれる異様な出立ちで大内軍の側面を攻撃して，大内軍は敗退した。この戦いをきっかけとして，龍造寺家兼が頭角をあらわすようになった。

その後も，北部九州を舞台に少弐氏方と大内方の戦いは繰り返されたが，状況は少弐氏に不利であった。

天文4年（1535），大内氏の攻撃で三根・神埼・佐賀を失った少弐資元は多久の梶峰城に入り，子の冬尚は小田氏の拠る蓮池城に逃れた。

翌年，大内軍が梶峰城を攻撃すると，後藤氏，波多氏，草野氏らは大内氏に味方し，頼りの龍造寺家兼も傍観を決め込んだため，資元は父政資と同じ場所で，同じ状況下で自害した。

少弐冬尚は，傍観を決め込んだ龍造寺家兼を恨んで，水ヶ江城を攻撃したが失敗した。これに対して龍造寺家兼は，肥前における少弐氏の声望に

配慮して，冬尚を勢福寺城に復帰させ，肥前一国の安定化をはかった。ところが，龍造寺氏の勢力拡大を嫌う馬場頼周ら少弐氏の重臣らが少弐冬尚を巻き込んで謀略を企て，龍造寺一族の排斥を図った。

馬場頼周は有馬氏，波多氏らを語らって謀叛を起こさせ，その征圧に龍造寺氏を出陣させ，その勢力を削ごうとした。このとき，多久宗利は謀略に加担して梶峰城に立て籠り龍造寺軍を迎え撃った。馬場頼周の描いた筋書き通り，龍造寺方は佐賀へ敗退した。

有馬氏らは佐賀城に押し寄せ，龍造寺家兼は筑後の蒲池氏を頼り，一族の中には筑前に逃れるもの，勢福寺城の少弐冬尚に頼ろうとするものに分かれて佐賀城から脱出した。

一連の騒動が馬場頼周らの罠とは知らない龍造寺一族は，馬場・神代勢によって次々と討ち取られてしまった。ここにおいて，龍造寺氏は壊滅的な打撃を受け，その勢力を大きく後退させた。

《龍造寺隆信の台頭》

龍造寺氏を継いだ隆信は，大内氏と結んで少弐氏と対立し，天文16年(1547)少弐冬尚を筑後に追い，肥前での勢力を回復した。

反龍造寺派の肥前の国人領主らの動きによって，少弐冬尚は勢福寺城に復帰した。

天文20年，龍造寺隆信の後楯であった大内義隆が陶晴賢[18]の謀叛で横死した。この機をとらえた肥前の反龍造寺勢力は，一斉に龍造寺隆信を攻撃した。この戦いには多久氏も参陣し，孤立した龍造寺隆信は，再び，筑後

18　大内氏の家臣。大内氏の庶家の右田氏の分家であり，大内氏の重臣の家柄であった。晴賢と名乗ったのは，天文20年(1551)に主君大内義隆を討ち大友晴英(大友義長)を当主に据えてから厳島の戦い前に出家するまでの数年間だけであり，それまでは初名の隆房を名乗っていた。

の蒲池氏を頼って落ちていった。

　その後，龍造寺隆信は，再度，肥前に復活し，陶氏を討った毛利氏と結んで着実に勢力を拡大した。

　永禄2年 (1559) 正月，龍造寺隆信は勢福寺城を攻撃し，少弐冬尚を討ち取った。続いて，馬場・横岳・犬塚氏らを次々と降し東肥前を支配下に置いた。

　龍造寺隆信の勢力が強大化するのを恐れた大友義鎮 (大友宗麟) は，少弐政興をもって少弐氏を再興させ，これに有馬氏，大村氏，松浦党諸氏に働きかけて龍造寺隆信攻めを企図した。

　西方から佐賀攻めを行うには，多久が重要な位置にあり，義鎮は多久宗利にも加担を呼びかけた。

　永禄5年，佐賀攻めが開始された。龍造寺隆信は杵島において有馬勢の進出を阻止し，松浦党の結束を崩すなどして防戦した。

　多久を巡る攻防では，多久宗利は丹坂口に出陣したが，宗利の留守を衝いた龍造寺軍の攻撃によって，宗利は多久城に帰ることができなくなり，須古の平井氏を頼って落ち，鎌倉以来の本拠である多久を失う結果となった。

《多久氏の没落とその後》

　多久宗直に始まった多久氏は，多久宗利の代に没落した。

　元亀元年 (1570)，龍造寺隆信の弟の長信が梶峰城に入城し多久を支配するようになった。以後，長信の流れを「後多久氏」と呼び，宗直から宗利に至る多久氏を「前多久氏」と呼んで区別するようになった。

　天正12年 (1584)，島津との戦いである島原沖田畷の戦で龍造寺隆信が戦死すると，鍋島直茂が龍造寺氏領内を取り仕切るようになった。龍造寺氏のあとを継いで，鍋島氏が肥前を治めるようになると，龍造寺長信の子

安順は姓を龍造寺から多久に改め鍋島氏に属した。

　豊臣秀吉の朝鮮出兵には，鍋島氏に従って多久安順も出陣し，安順が連れ帰った陶工李参平によって多久焼が始まり，やがて李参平が有田に移って有田焼が始まったことは知られている。

　江戸時代，多久氏は鍋島氏の御親類同格として代々，佐賀藩の家老職を勤め，明治維新に際しては男爵を授けられ華族に列せられた。

第7節　神代勝利

　神代勝利は，戦国時代の武将で，少弐氏の家臣である。

　神代氏は，武内宿禰の後裔とされ，高良大社の大宮司である物部氏から分かれた。かつては熊代と書いたのを神代に改め，高良大社の大宮司を務めた名族である。父の代に没落し，肥前の千布村に流れ着いた。

　幼い頃は，千葉興常に養われる。同じ千葉興常の家臣であった江原石見守は後に神代勝利の家臣となる。

　その後，三瀬城主野田宗利（三瀬宗利）に請われてその剣術師範となり，やがて弟子は500名に達する。三瀬を含む山内（神埼市・佐賀市・小城市の北部の山地一帯）の豪族らは，山内二十六ヶ山（山内を治める26の豪族の意）を束ねる総領となった。天文17年（1548）頃は「武辺氏」とも称していた。

第3章　松浦党の歴史と平戸松浦氏

第1節　松浦党

松浦氏は，嵯峨源氏渡辺氏の祖源綱（渡辺綱）の曾孫とする久（渡辺久，松浦久）を祖とするといわれている。渡辺綱に始まる渡辺氏を棟梁とする摂津国の滝口武者（大内守護）の一族とされ，水軍として瀬戸内海を統括した渡辺党の分派といわれている。

筑後（福岡県柳川）の蒲池氏も源融の子孫であり，源融の孫の源是茂（源仕の弟）の孫の源貞清の孫の源満末が肥前国神埼郡の鳥羽院領神埼庄の荘官として下り，次子（あるいは孫）の源久直が筑後国三潴郡の地頭として三潴郡蒲池に住み蒲池久直と名のったとされている。後，松浦直の六男山代囲の子源三固は承久の乱後，蒲池氏の遺領を継いでいる。

1.1　安倍宗任の系譜

安倍宗任（むねとう）は，陸奥国の俘囚の長とされる豪族安倍氏の安倍頼時の三男である。鳥海柵の主で，安倍鳥海三郎宗任とも呼ばれる。清原氏の子として嫡子格の地位にあったと推察する説もある。

《前九年の役》

安倍宗任は，奥州奥六郡（岩手県内陸部）を基盤とし，父頼時，兄貞任とともに前九年の役において源頼義と戦う。貞任らは砦厨川柵（岩手県盛岡市）

で殺害されるが，宗任らは降服し，源義家に都へ連行された。

　その際，奥州の蝦夷は花の名など知らぬだろうと侮蔑した貴族が，梅の花を見せて嘲笑したところ，「わが国の　梅の花とは見つれども　大宮人はいかがいふらむ」と歌で答えて都人を驚かせたという。(『平家物語』剣巻)

　安倍宗任は伊予国に流され，今治市の富田地区に3年間居住し，少しずつ勢力をつけたために，治暦3年(1067)に九州の筑前国宗像郡の筑前大島に再配流された。その後，宗像氏によって日朝・日宋貿易の際に重要な役割を果たしたと考えられている。

　大島の景勝の地に自らの守り本尊として奉持した薬師瑠璃光如来を安置するために安昌院を建てた。嘉承3年(1108)に77歳で亡くなった[19]。

　長男安倍宗良は，大島太郎・安倍権頭として，大島の統領を継いだ。その子孫の安倍頼任は，九州の剣豪として知られ秋月氏に仕え，剣術流派・安倍立剣道を開いた。次男安倍仲任は，薩摩国に行ったとされる。

　三男安倍季任は，肥前国の松浦に行き，松浦氏の娘婿となり松浦三郎大夫実任と名乗った。その子孫は北部九州の水軍松浦党を構成する一族になったといわれている。松浦実任(安倍季任)の子孫の松浦高俊は，平清盛の側近で平家方の水軍として活躍し，治承・寿永の乱により，現在の山口県長門市油谷に流罪となった。その後，高俊の娘が平知貞に嫁ぎ，源氏の迫害から逃れるために安倍姓を名乗ったとされる。

　長女藤原基衡の室(疑問あり)藤原秀衡の母(異説あり)は宗任が大宰府から東北に戻り授かった子であるとする説がある。

　末女は佐々木季定の室・佐々木秀義の母である。平治合戦の後，本貫の近江国蒲生郡佐々木庄(近江八幡市)を追われた秀義は，母方の伯母の嫁ぎ先である奥州藤原氏を頼って落ちのびる途中，相模国の武将渋谷重国に武

19　安倍宗任については，『平家物語』の百二十句本(国会本)剣の巻，『百錬抄』，『前太平記』，『歴代鎮西要略』に記されている。

勇を見込まれて食客することとなった。

第2節　渡辺源次久 (松浦久)

　祖の松浦久 (渡辺久, 源久) は, 渡辺綱 (源綱) の子の奈古屋授 (渡辺授, 源授) の子とされ, 松浦郡宇野御厨の荘官 (検校) となり定住し, 松浦, 彼杵郡および壱岐の田およそ2,230町を領有して梶谷に住み, 松浦久と名のる。次いで検非違使に補され, 従五位に叙された。松浦久は, 源太夫判官と称して松浦郡, 彼杵郡の一部および壱岐郡を治め, ここに肥前松浦党の歴史が始まる。

《松浦党の展開》

　松浦久の子は, 長子が松浦安あるいは松浦直で, 二子が波多持, 三子が石志勝, 四子が荒久田聞, 五子が神田広, 六子が佐志調とする。この他に後に松浦公頼と称した松浦正, 養子に松浦太郎を名乗った高俊の名がみられる。

　上松浦党は松浦正, 下松浦党は松浦直が祖である。直の子には, 松浦清, 有田栄, 大河野遊, 峯披, 山代囲, 値賀連がある。

《獅子城跡》

　獅子城跡は治承～文治年間 (1177～1190) に峯五郎源披によって築城されたが, 峯五郎披の子源持の時に平戸に移ったため以後長い間廃城になった。

　持が獅子城を去ってから, 上松浦地方は波多氏の支配下となる。その後龍造寺氏の脅威が増して上松浦地方の防備の最前線として獅子城の重要性が再認識された。波多氏をはじめとする松浦党の一統は鶴田越前守前に獅

子城を再興させた。鶴田前の子鶴田上総介賢のとき，文禄の役（1592）で
波多氏が改易となる前後に，多久氏につかえて東多久に移り住んだため，
獅子城は再び廃城となった[20]。

第3節　東国御家人との確執

　平安時代，松浦党が盤踞した地域は平家の知行国であり，松浦氏は平家
の家人となっていたが，壇ノ浦の戦いにおいて源氏方に味方した功から鎌
倉幕府の鎮西御家人となり地頭となる。

　源頼朝は，九州の抑えとして少弐氏，島津氏，大友氏を守護として九州
に送り，松浦氏は，秋月氏，蒲池氏と同様に，東国御家人の「下り衆」の
傘下に置かれた。

　元寇の際には，松浦党の惣領佐志房や山代階などが奮戦している。

第4節　平戸松浦氏

　下松浦党の本来の嫡流は松浦直の嫡男の松浦清の末裔の一族であるが，
松浦氏の数多くの傍流のうち，松浦直の五男の峯披の子孫から平戸を本拠
とする平戸松浦家（平戸氏・峯氏）が興った。平戸氏は次第に惣領家や他の
庶家をしのぐようになり松浦氏に復姓した。

　松浦興信の子松浦隆信の代には，惣領家や上松浦党をも従えて松浦半島
を統一する戦国大名となった。松浦隆信とその子の松浦鎮信は豊臣秀吉に
従い豊臣政権の下で近世大名としての道を確立した。

20　近松門左衛門作の人形浄瑠璃。後に歌舞伎化された『国姓爺合戦』，『国性爺合戦』の第三
　　段の「獅子ケ城楼門前」の舞台であることは知られていない。中国人を父に，日本人を母に
　　持つ後の国性爺のモデルは，鄭成功がモデルである。

　江戸時代には平戸を城下町として平戸藩6万3,000石を構えた。

《倭寇と松浦氏》

　王直（1501～1560）は，明代の貿易商人（海商）であり，後期倭寇の頭目である。汪直ともいう。もとの名は王鋥。徽王や老船主とも称した。

　徽州府歙県に生まれる。青年の時に塩商を手がけるが失敗した。明が海禁政策を行うなか葉宗満らと禁制品を商う密貿易に従事した。双嶼（寧波府の沖合い）港を本拠地に活動していた許棟・李光頭の配下として東南アジアや日本の諸港と密貿易を行い，博多商人と交易して日本人の信任を得る。

　1548年，密貿易を取り締まった朱紈らが双嶼を攻撃すると逃れて海賊集団を組織し，浙江省舟山諸島の烈港を本拠に徽王と称し，徐海と並ぶ倭寇の頭目となった。

　度重なる明の海禁政策を逃れ，1540年に日本の五島に来住し，松浦隆信に招かれて1542年に平戸に移った。地方官憲や郷紳らと通じ，養子や甥の王汝賢らを幹部に密貿易を拡大した。

　明の河川や沿岸地域に詳しいために倭寇の代表的な頭目となり，1553年5月に37隻を率いて太倉・江陰・乍浦等を寇し，同年8月に金山衛・崇明に侵入した。

　朱紈の死後に倭寇の取締りは一時的に弱まるが，兪大猷らが新たに赴任し，1556年には胡宗憲が浙江巡撫に就任する。胡宗憲が総督に就任すると，王直は上疏して自らはもはや倭寇ではないので恩赦を得たいと訴え，海禁解除を主張し自らの管理下での貿易を願い出た。

　しかし明朝の倭寇の鎮圧は本格的に開始され，1557年，王直は官位をちらつかせた明の誘降に乗って舟山列島の港へ入港した。明朝では王直の処遇について意見が対立していたが，1559年12月に王直は捕えられて

処刑された。

《顔思斉》

顔思斉（1588～1625）は，中国明代末の倭寇である。福建省海澄の人，字は振泉。鄭芝竜ら28人と同志の盟約を結び，日本—台湾間の密貿易と略奪を行った。風疾のため台湾で病死した。

《鄭芝龍》

鄭芝龍（1604～1661）は，明朝末期に中国南部および日本などで活躍した貿易商，海賊，官員である[21]。

弟に鄭芝虎，鄭芝豹，鄭鴻逵（鄭芝鳳），従弟に鄭芝莞（鄭芝鶴）。子に鄭成功（国姓爺）と田川七左衛門の2人の息子がいる。

18歳の時に鄭芝龍の父が死亡し，母方の叔父を頼りマカオに赴き，黄程の元で経済学を学ぶ。この頃，カトリックの洗礼を受け，Nicholasという洗礼名を授けられる。西洋の文献には，Nicholas Iquan（ニコラス・一官）と記されている。

一官党は，当時の武装貿易集団であり，日本や台湾，明，東南アジアとの貿易に従事すると同時に，海上航路の秩序維持を行っていた。日本に居住する李旦（顔思斉）が一官党を指揮した際，鄭芝龍は二十八位兄弟会と称される有力青年の一人であった。

1625年に鄭芝龍は兄弟会の18人のメンバーと共に十八芝と称される海上商人組織を築き，自らが指導者となり一官党の基礎を築いた。

平戸島明河内に住んで，平戸藩士田川七左衛門の娘マツと結婚して，息子の鄭成功と田川七左衛門が生まれている。田川マツについては，漢籍資

---

21 字は飛黄，飛虹。彼は閩南語，南京官話，日本語，オランダ語，スペイン語，ポルトガル語を話し，剣道を得意とし，スパニッシュ・ギターも弾けたという。

料には福建省華僑である翁翊皇の養女とするものもあるが，日本側の資料で否定されている。

1624年には活動拠点を日本から台湾笨港（北港付近）に移した。

1625年，リーダーである李旦（顔思斉）の死亡により，彼の船団を受け継いでいる。船団は千隻もの船を保有して武装化を進めるなど海賊としての側面も有していた。

1628年に鄭芝龍が明朝の招安を受けると十八芝は朝廷派（鄭芝龍）と反朝廷派に分裂した。鄭芝龍は反朝廷派を捕らえ主導権を確保すると，明朝に「鄭芝龍緝捕鄭一官到案」を上奏，官人としての生活を送ることになった。

鄭芝龍は自らの水師を拡充し，陸上でも軍隊を組織した。当時朝廷からの資金援助が無いため，それらの軍は鄭芝龍の私軍としての性格を強め，自らの貿易での利益を確保するために治安の維持を行い，貿易での利益を軍費に充当した。

その後台湾に入った鄭成功に一官党は帰順して，軍は鄭成功の軍に吸収されたが，帰順後も貿易に関してはその組織を拡大していった。また情報収集組織としての天地会を設け，後の東寧王国の成立に大きな影響を与えた。

台湾南部にオランダ人の入植がはじまると，妻子を連れて中国大陸へと渡る。当時，鄭芝龍は福建省周辺でもっとも強い勢力をもった武装商団となった。

1628年，福建遊撃に任命され，李魁奇，鐘斌，劉香などのかつての仲間たちを征伐する。福建省に早魃が襲うと，移民を引き連れて台湾へ向かい，豊富な資金援助を持って開拓を進めた。

当時，台湾南部はオランダ東インド会社が統治しており，オランダとの貿易で巨万の富を築いた。

　1644年，亡命政権である南明の福王から南安伯に封じられ，福建省全域の清朝に対する軍責を負う。

　1646年，鄭芝龍は，黄道周との対立などで南明政権から離れる。この時，意見の違いから子の成功らとも別れ清朝に降伏する。鄭成功は父の勢力を引き継いで台湾に拠り，明の復興運動を行い清に抵抗したため，鄭芝龍は成功の懐柔を命じられるが，成功がこれに応じなかったため，芝龍を寧古塔へ流罪することが議論された。しかし，実施されず，謀反の罪を問われて，1661年に北京で処刑された。

　息子の鄭成功は台湾に渡り，台湾独自の政権としての鄭氏政権の祖となり，台湾開発の基礎を築いたことから，今日では台湾人の精神的支柱「開発始祖」・「民族の英雄」として社会的に極めて高く評価されている。大陸の中国人にとっても鄭成功はオランダを駆逐した英雄として評価されている。

第4章　元寇と『東方見聞録』

第1節　元寇と神埼荘園の倉敷「袖の湊」

　佐賀県神埼市と福岡県福岡市博多区にそれぞれ櫛田神社がある。博多区の櫛田神社は豊臣秀吉の博多復興の際に佐賀神埼から分祀されたといわれている。

　元寇の時期，朝廷は御院領である神埼荘園に東妙寺を，この神埼荘園の倉敷である袖湊（博多）に大乗寺を造営して「蒙古調伏」の祈祷所とした。

　文永の役（1274）の元軍は，神埼荘園領とその倉敷の湊である博多袖湊の東側にあった南宋人達が作った大唐街を攻めて来たのである。この大唐街は博多区の箱崎宮の周辺にあったと考えられている。3,000軒の唐人（南宋人）の店が立ち並んでいたといわれている。

　博多の湊はかつて「那の津」と呼ばれており，7世紀の難波長柄豊碕（姪浜）にあった難波宮があった地である[22]。8世紀頃の博多の湊は大陸文化の窓口であり，古代から多くの人々が遣隋使や遣唐使として，あるいは大陸との交易を行った地である。九州王朝の水軍大将阿倍比羅夫が東北津軽に遠征したときの基地でもある。

　遣隋使・遣唐使，遣新羅使の時代の湊であり，外国使節の応接の場と宿泊所を兼ねた鴻臚館が那の津に設けられていた。

22　古田武彦説である。http://www.furutasigaku.jp/jfuruta/sinjit12/mizuno12.html参照

　8世紀後半から9世紀には，新羅・渤海・唐などから，多数の商人が博多を訪れるようになり，この「鴻臚館」（福岡城跡内）と袖の湊を舞台に交易が行われた。

　中世の博多は，御院領神埼荘園の倉敷として「袖の湊」と呼ばれる人工の港が造られていた。11世紀の終り頃からは，「大唐街」とよばれる南宋人街が形成されていたのである。

　博多の東の箱崎や，博多の西の今津（福岡市西区）では，南宋で焼かれた碗など大量の輸入陶磁器が発掘されている。この頃の日本と南宋との貿易を行ったのは，南宋から渡来して博多に住み着いた南宋の貿易商人であった。博多には聖福寺，承天寺など宋風の禅寺が建設され，中国の港町のような町並みが形成されていたという[23]。

　博多とは中国語で「土地博く，物品多し」という意味であるらしい。平戸の地よりも東の御厨や志佐（現松浦市）から伊万里湾の地のほうが土地広く交易に便利であった。しかし，さらに東の呼子や佐志（唐津）のほうが土地も広く交易に適した地域であった。

　伊万里の湊と唐津の湊を抑えるためには，呼子を拠点とする方が便利であったのである。

　松浦党の発祥の地であるこの伊万里湾や唐津湾よりもさらに「土地博く，物品多」いこの地を南宋人たちは「博多」と名付けて住み着いたのであろう。大唐街は南宋人の町としておおよそ3,000軒の商家が集まっていたのである[24]。

　この大唐街は文永の役（1274）の際に街全体が焼失した。殆ど全ての家が焼き尽くされ，多くの南宋人の商人達が殺されたのが「文永の役」であ

23　当時の日本人たちの大陸交易のための湊は有明海にあった。筑後川の河口の大善寺の荊津，矢部川の河口の瀬高，菊池川の河口の高瀬（玉名市）の各港である。
24　1軒あたり10人が住んだと仮定すると宋人は総勢3万人が住んでいたことになる。

った。大唐街は元軍の火矢によって大火事となり，火事による大風が起こり，大火事の後大雨が降った。大宰府の水城の堤防まで退却して博多方向に燃え盛る大唐街の火事を見ていた九州の侍たちは，やがて火事が大風となり，大雨となったのを見て「神風が吹いた」と思ったのである。

　元軍は大唐街を殲滅させ南宋への資金援助と軍事援助の道を断つという当初の戦争目的を達成して九州から退却したのである。

　この元軍が退却した後の博多湾を見た九州の侍たちは，敵が一晩で消え去ったことを神に感謝して前日の大火事とそれによって発生した大風を「神風」と書き記したのであろう[25]。

第2節　文永の役

　文永の役（1274）の都元帥（総司令官）は，モンゴル人の忻都（きんと）である。右副元帥は洪茶丘（ほんたぐ）（高麗人），左副元帥に劉復亨（りゅうふくこう）（漢人）である[26]。勢力は，元軍20,000人，高麗軍5,600人，楫工[27]・水手[28]6,700人が大船300艘，軽船300艘，補給船300艘であった[29]。

　文永11年（1274）10月，高麗の合浦（現在の馬山）から出向して，対馬島を攻め，14日には壱岐島に上陸して，16〜19日には平戸方面に上陸した。10月20日の未明には，図3.1のように，博多湾岸に上陸して，毒矢や鉄砲などの兵器を使用して，上陸して統制のとれた集団戦法を駆使し

25　「八幡愚童訓」には「合戦の翌日（10月21日）朝，海の方を見ると，モンゴルの船は一艘もなく皆帰ってしまった。今日はいよいよおしまいか，と嘆いていたのに，どうしたことか，と泣き笑いをした」とある。
26　副将に金方慶（きんほうけい）（高麗人将軍）の名もある。
27　「舵取り」の意味
28　「水夫」の意味
29　阿部征寛著，『蒙古襲来』，教育社

た。動員された九州の御家人等武士たちは大宰府の北方の守りの「水城の堤防」まで逃げたのである。

　日本側の総大将は少弐経資（つねすけ）（49歳）であった。参戦した武将は少弐景資（かげすけ）（29歳，経資の弟），少弐資時（すけとき）（12歳，経資の子），北条宗政（時頼弟，執権名代）[30]である。少弐景資を中心に，大宰府に御家人達が集結した。少弐氏は北部九州の守護である。日本軍の兵力は総数1万人である。北部九州の守護であった武藤少弐資能（すけよし），大友頼泰（よりやす）のもとに九州在住の武士や九州に領地を有する鎌倉幕府の御家人と地方武士団が集まったのである。

《高麗軍》

　文永の役の際の対馬島を襲った元軍の中心は，モンゴル軍ではなく高麗軍だった。元の属国であった高麗の世子椹（忠烈王）は，元の皇帝フビライ・ハンに盛んに東征（日本侵略）を煽り立てた人物である。

　フビライ・ハンは，文永11年（1274）1月，元から派遣されたホン・タグの指揮の下，軍用船300隻を造ることを高麗に命じた。高麗は約3万人の労働者を動員して昼夜突貫工事をして造船作業をした。現場監督のキム・バンギョンは，強固な船だと期限内の完成は難しいと判断して，費用が安くて簡単な構造の高麗船を大小900隻建造した。

　文永11年（1274）10月3日，総司令官忻都の指揮の元，総勢3万人以上の兵士を収容した船団が合浦（がっぽ）（馬山）から出港した。

　元軍と高麗軍の連合軍は，途中，対馬と壱岐に侵攻した。高麗の歴史書には，「入対馬島，撃殺甚衆」と記録されている。

　高麗軍は，対馬や壱岐の人々を手に穴を開けて，あるいは女の髪の毛で船縁から吊るした。高麗では，食料として人間の肉を食べる習慣があった

30　元寇の「竹崎季長絵巻」で有名な肥後の御家人竹崎季長は29歳である。

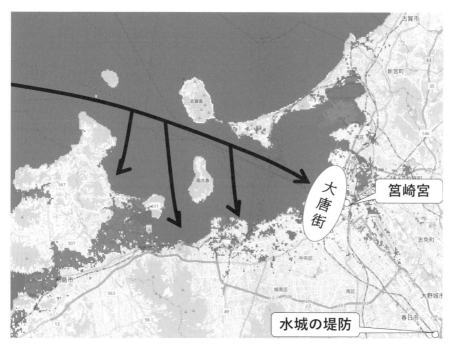

図4.1　文永の役において，大唐街3,000軒は，一夜にして崩壊した。
（出所：グーグル・フラッドにより著者作成（−5m））

のである。食料確保のために人肉を天日干にしたのである。高麗軍に生け
捕りにされた女性は，手のひらに穴が開けられ，ひもを通されると"数珠
つなぎ"にされ吊された。

　日蓮聖人が関係者から聞いた話をまとめた『高祖遺文録』にも同様のこ
とが書かれている。

《船の大きさと船団の組織について》

　マルコ・ポーロの『東方見聞録』にこの元の時代の船について，次のよ
うな説明がある。「大型船は2〜3艘の小型船を伴って航海するが，この
小型船には，60人，あるいは80人，あるいは100人の水夫が乗り組み，

さらに，胡椒一千籠も積み込めるだけの貨物の積載量がある。……また，普通この大型船は十隻ほどの艀を積んでいて，錨をおろしたり，魚をとったりそのほかいろいろな用途に使う。」[31]（青木一夫訳，「マルコ・ポーロ『東方見聞録』pp.215－216，校倉書房，1960）

第3節　黄金の島ジパング

　マルコ・ポーロの『東方見聞録』[32]において，日本（ジパング）のことを次のように書いている。「チパングは，東方の島で大洋の中にある。大陸から1,500マイル離れた大きな島で，住民は肌の色が白く礼儀正しい。また，偶像崇拝者である。島では金が見つかるので，彼らは限りなく金を所有している。しかし，大陸からあまりに離れているので，この島に向かう商人はほとんどおらず，そのため，法外の量の金で溢れている。この島の君主の宮殿について，私は1つ驚くべきことを語っておこう。その宮殿は，ちょうど私たちキリスト教国の教会が鉛で屋根を葺くように，屋根が全て純金で覆われているので，その価値はほとんど計り知れないほどである。床も二ドアの厚みのある金の板が敷き詰められ，窓もまた同様であるから，宮殿全体では誰も想像することができないほどの並外れた富となる。また，この島には赤い鶏が沢山いて，すこぶる美味である。多量の宝石も産する。さて，クビライ・カーンは，この島の豊かさを聞かされてこれを征服しようと思い，二人の将軍に多数の船と騎兵と歩兵をつけて派遣した」（月村辰雄・久保田勝一著，『マルコ・ポーロ東方見聞録』，岩波書店，2012年5月，pp.197－198）

31　この記述は，文永の役の時の元軍の船団の編成についての予備知識となる情報である。

32　『完訳 東方見聞録〈1〉』（平凡社），『東方見聞録（1）』（東洋文庫（158）マルコ・ポーロ，愛宕 松男（1970/3）も参考にした。

　元の太宗フビライ（皇帝フビライ＝ハン）は，文永の役で南宋を援助するルートを遮断するという戦争目的を果たしたにもかかわらず，高句麗の強い勧めもあって，この日本を占領するための次の作戦を企画したのである。

第4節　弘安の役1281年[33]

4.1　日本側の備え

　元寇に備える日本軍の兵力総数12万5,000人。北条実政が鎮西軍4万人を率い，博多の防備にあたった。元寇の際の守備位置は，図3.2のように，東側から順次，次のような配置である。

　箱崎浜（大友氏，島津氏），博多前浜（少弐氏と筑前勢），博多袖浜－冷泉橋（龍造寺氏），博多荘浜（草野氏外筑後勢），生松原（菊池氏，肥後勢），今津（日向，大隅勢），肥前海岸（松浦勢，肥前勢）。この軍勢の配置を見ると，博多の守備範囲と九州の各豪族との利害関係が説明される。

　元の皇帝フビライ＝ハンは1276年に南宋の都臨安を陥落させ，南宋を滅ぼした。文永の役によって南宋の大唐街が滅亡して博多からの援助が途絶えた南宋は滅亡したのである。

　フビライからの使者が鎌倉幕府によって斬首されたことにより2回目の元寇が開始された。

　弘安4年（1281），アラカンを総大将とする軍勢が日本へ進出。東路軍

33　蒙古襲来絵詞は，大矢野種基・子孫に伝えられ，文政八年（1825），大矢野門兵衛は保管を藩主細川氏に願い出，以後蒙古襲来絵詞は藩主の細川家で管理された。細川家に管理が移された頃の19世紀初，肥後藩福田太宰が現在の蒙古襲来絵詞を前，後，二巻に調巻した。明治二年（1869）の廃藩置県によって，藩主の細川氏は大矢野家に蒙古襲来絵詞を返還。明治二十三年，大矢野十郎が明治天皇に献上し，以後，蒙古襲来絵詞は御物となった。

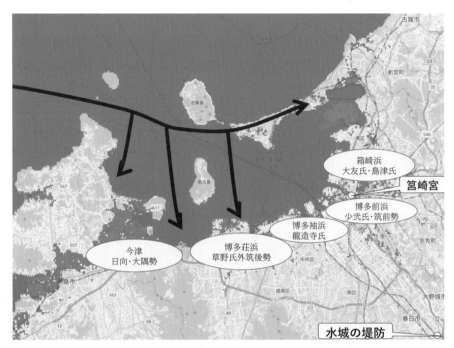

図4.2　弘安の役においては，防塁が完成しており，九州の各勢力が防衛にあたった。
（出所：グーグル・フラッドにより著者作成（－5m））

は，合浦から4万[34]人。江南軍は，南宋の慶元（現在の寧波）から10万人で構成されていた。元軍の兵力 総数14万3,000人（東路軍は4万2,000人，900隻であり，江南軍は10万人，3,500隻）であった。

　5月3日，高麗軍を中心とした東路軍は朝鮮半島の会浦を出発した。対馬，壱岐を侵略して，一部は長門を侵攻した。東路軍は江南軍を待たずに，6月6日，博多湾の志賀島，能古島の海上に姿を現し戦闘状態に入った。6月6日の夜半から6月13日まで，博多湾内の海上および陸上の一部

34　元軍の兵力総数は3万2,300人（元・高麗連合軍戦闘員2万5,600人，水手・大工6,700人）であり，元兵の他に，金や南宋の降伏兵などが加わった2万人の部隊と，高麗兵によって構成された1万2,000人の部隊で構成されていた。

で戦闘がおこなわれた。しかし日本側は石垣の防塁を作って備えていたために上陸ができず，また夜討ちによる夜襲で相手を撃退したために元軍はいったん壱岐沖に退却したのである。

日本軍の激しい防戦にあって東路軍は上陸侵攻を阻まれ，壱岐島に撤退した。江南軍は，6月15日以前に東路軍と壱岐で合流する予定であったが，中国の慶元を出発したのは6月18日であった。7月に入り平戸島付近で両軍は合流，7月22日，肥前の鷹島に侵攻したのである。

その鷹島は，松浦党の本家の島であった。7月27日に主力軍を隣の鷹島に移した。7月30日夜，暴風雨が吹き荒れ，大型台風が北九州地方を襲い，5日間にわたり海が荒れたため，元軍は壊滅状態になり，高位の将兵は約10万の兵を置き去りにして帰還してしまった。生還者は3万数千人と言われている。2～3万の兵を捕虜としたとあるが，残りの7万人はどうなったのか不明である。

詳しくは，江南軍（3,500艘）（（900＝大船300艘＋軽疾舟300艘＋給水用小舟300艘）＋2,600艘）は10万人，生還者は3人のみである。東路軍（900艘＝大船300艘＋軽疾舟300艘＋給水用小舟300艘）は，4万人であり，生還者は1万9,397人であると説明されている。

1294年にフビライが死に，元の国内で内乱がおきたために日本遠征はなくなり，三度目の元寇はなくなったのである。

4.1　江南軍が遅れた理由ボート・ピープル説

江南軍4千艘，10万人が出航したが，東シナ海を渡航するために時間を要して遅れた理由は，次のような要因があったと説明されている。

①出航の準備に1ヶ月間かかった。②東シナ海を越えるのに1ヶ月かかった。③1ヶ月間平戸・江迎・田平に停泊した。④本隊は伊万里湾の鷹島を攻略した。

　ここで，江南軍と東路軍について単純比較すると，次のようなことがわかる。

　東路軍の900艘，4万人は，平均45人／艘（4万÷900艘＝平均44.44人／艘）である。マルコ・ポーロの説明を借りると，大船に100人程度と軽船に30人程度，補給船に10人程度のセットであると考えると約4万2,000人（＝140人×300セット（大船1艘＋中船1艘＋小船1艘））となり，軍事的には合理的な数字であるだろう。

　しかし，江南軍の3,500艘，10万人は，平均29人／艘（10万÷3,500艘＝平均28.57人／艘）であり，東路軍よりも小型化したセットの集団であるかのようなイメージとなる。この差は異常であると考えるべきである。

　東路軍の中には，日本侵略を夢に見た高麗人の兵士が大量に乗り込んでいるのである。これに対して，江南軍の中には南宋の敗残兵が大量に乗っているのである。乗船している人たちの目的がかなり異なっていることがわかる。

　ここで，先ほどのマルコ・ポーロの説明を参考にして，江南軍の本隊が東路軍の4万人，900艘と同じであると仮定すると，残りの6万人（＝10万人－4万人）は2,600艘（＝3,500艘－900艘）となり，23人／艘（6万÷2,600艘＝23人／艘）となるのである。小舟が2,600艘含まれていることがわかるのである。1艘当たり23人乗りの小舟ということは戦力も戦意も無い集団であることを意味している。

　すなわち，江南軍の10万人のうちの少なくとも6万人は，「ボートピープル」のイメージなのである。

　前節の「2～3万の兵を捕虜としたとあるが，残りの7万人はどうなったのか不明である。」の回答は，1万人が戦死あるいは行方不明であり，6万人がボートピープルとして九州島に上陸したという可能性が説明されるのである。

　すなわち，彼ら6万人の当初からの目的は日本への移民であり，船も小さかったために，①それぞれの船の「出航の準備に1ヶ月間かかった」のであり，②各船がそれぞれに各自準備ができた船から出港するので全船が，「東シナ海を越えるのに1ヶ月かかった」のである。そして，九州島に上陸の際には，③それぞれの船がバラバラに到着したので「1ヶ月間平戸・江迎・田平に停泊した」のである。その間，④「本隊は伊万里湾の鷹島を攻略」して，今度は本当の神風（台風）に遭遇したのである。この1か月間平戸の江迎[35]に彼らを向かい入れた人たちがいたはずなのである。

第5節　生涯この島で過ごすことになった人たち（マルコ・ポーロの『東方見聞録』）

　皇帝クビライは二人の貴族に大船団と騎兵，歩兵の大群を授けて派遣した。1269年（1281年の誤？）しかし，アバカンとウオンサニチン（范文虎）が互いに激しく嫉妬しあった。

　多くの平野や部落を占領したが，一つの都会の奪取にも成功しなかった。北風が猛烈に吹き出し，船を海岸から離したが，互いに衝突して難破した。別の島（鷹島）[36]に3万人は上陸して助かった。2人の貴族は難を逃れた船で身分のある者だけを連れて帰国した。

　図3.3からわかるように伊万里湾の周辺と集落であり，鷹島が福島である。元軍の船は，御厨から今福と鷹島に囲まれた伊万里湾の中で北進する台風の北風に揉まれたのである。

　敵軍（日本軍）が大挙して鷹島に攻めて来た。島中（鷹島）を逃げ回り，

35　「江迎」とは，「江南からのボートピープルを受け入れる港という意味である」というのが私の仮説である。

36　鷹島は，松浦党の本家の基地であった。

どちらにでも逃げられるように島の中央の高く隆起したところに集まった。敵の船が空っぽなのを見て，奪い取り，向かいの都市・首都を占領した。嵐に生き残った軍が敵国の大都を占領したのである。しかし，この島の軍旗と王旗を抱えて進軍し，大汗の軍はこの首都（今福か志佐であろう；下松浦党本家の首都）を占領した。鷹島から帰ってきた兵で首都は包囲された。7ヶ月間持ちこたえたが，帰国の望みなく，生涯この島で過ごすことを条件に降伏した。」（著者要約）とある。

この東方見聞録の説明から，次のことが理解される。

「金は豊かに産出」するということは，日本は産金国であったことを示している。そして，「商人さえもこの島に来ない」とは，貿易商人は南宋人だけであり，日本人は貿易を積極的には行っていない様子である。また，「君主の宮殿」とは，奥州平泉の藤原氏の「金色堂」であるだろう。「重金主義者たちの血迷いの文書」である。

弘安の役に際しては，元軍は「多くの平野や部落を占領した」とあり，平戸の江迎や松浦市の志佐周辺のことであろう。また，本隊が鷹島周辺に居たときに，「北風が猛烈に吹き出し」とあることから台風が来たことを説明している。このとき，台風の難を逃れて「別の島に3万人は上陸した」とある別の島とは，伊万里湾の「鷹島」であるだろう。戦闘部隊の本隊4万人のうちの3万人が助かって鷹島に上陸したという意味である。鷹島町史には，「家を焼き，首を刎ね，生き残った者わずか2名」とある。（図3.3参照）

「中央の高く隆起したところ」とは，中央部が高く盛り上がった鷹島の地形を正しく伝えていると考えられる。その後，「首都」を占領したとは，松浦党の本家[37]が居住する今福，あるいは志佐（現松浦市）であるだろう。

37　下松浦党の本家志佐氏の本領である。

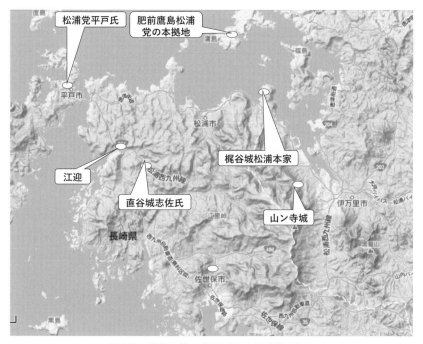

図4.3　弘安の役，鷹島周辺の松浦党の拠点

（出所：グーグル・アースによって著者作成）

首都を占領したにもかかわらず，武士団に包囲され7ヶ月間籠城したにも
かかわらず，本国からの救援が来ないことに諦めた残党たちは「生涯この
島で過ごすこと」になったのである。すなわち，彼らは日本の九州に帰化
したという意味であろう。

　このような元寇の結果として移民が大量に発生することによって，この
移民を受け入れた平戸松浦氏の勢力は弘安の役以後に大きく拡大したと説
明されるのである[38]。

38　これ以後，九州では牛馬耕が始まり，有明海の干拓が始まるのである。この有明海の干拓
　の技術は万里の長城の土盛りの技術であることが知られている。興味がある人は「白石町史」
　参照されたい。

第6節　戦争目的を達成した元軍

　以上見てきたように「文永の役（1274）」は元軍・高麗軍の完全な勝利であった。博多の宋人街（大唐街）を破壊し，南宋への援助を遮断したからである。

　そして，この弘安の役以後，松浦党の領地は拡大した。以後，上松浦党と下松浦党の本家今福氏が衰退し，田平氏・平戸氏が興隆した。そして，伊万里湾の福島は上松浦党の領地から平戸松浦氏の領土に編入され，鷹島は本家の今福氏から平戸氏の領土に編入されたのである。

　以上の説明が正しいとするならば，弘安の役において元軍が一方的に攻めてきたとか，台風（神風）が吹いて，日本（鎌倉御家人）が一方的に勝ったという意味での元寇ではなかったのである。なぜならば，元は一方的に攻めて来て，台風（神風）が吹いて帰ったのではなく，博多大唐街を壊滅させて戦争の目的を果たして帰還したからである。

　元寇後，この2度の元寇によって，少弐氏と松浦党本家（今福）が衰退した。そして，実質的な勝利者は鎌倉幕府（北条氏）だったのである。それ故に以後，博多は北条氏一門の支配になり，少弐氏はその配下に下るのである。

　「弘安の役（1281）」は，東路軍と江南軍が少弐氏と松浦党のお家騒動・勢力争いに加担したものである。この結果，松浦党の本家である今福氏の影響力は低下した。江南軍の本隊以外の6万人は屯田兵として日本に上陸して田平・江迎一帯に滞在して，以後，日本に残り，牛馬耕や有明海干拓の技術を伝えたと考えられるのである。

第7節　秘宝の陰に隠れる南宋官窯の陶磁器

　南宋時代，南宋の首都であった浙江省杭州には，中国皇帝の日常生活用の雑器として，陶器の上に青磁を施した罅青磁が南宋官窯の修内寺官窯で焼成された。同様に，中国皇帝の儀式用の器は，磁器の上に青磁を施した南宋官窯の効壇下窯で焼成された。

　元の時代にこの2つの青磁焼成の技術は廃れてしまったのである。しかし，同時期に肥前の伊万里にはこの「罅青磁」を焼成する技術が伝わっているのである。この青磁製造技術が後に伊万里大河内の鍋島藩窯の鍋島青磁となって伝えられるのである。

　オスマントルコの首都であったイスタンブール（東ローマ帝国時代はコンスタンチノープル）のトプカプ宮殿内には，エメラルドの短剣等の金やダイヤモンドで飾られた宝物がたくさん展示されている。これらの秘宝は撮影禁止である。しかし，この展示室の裏に静かに王の日常雑器が展示されている部屋がある[39]。その中に南宋官窯の青磁の品が数多く展示されている。これらの日常雑器は王の大事な宝である。しかし，撮影可能である。（第5章において，説明する。図5.1参照）

39　この部屋の王の日常雑器の展示については，多くの観光客は見逃して帰っているのである。

第5章　陶磁器生産の歴史

　ヨーロッパでは，ギリシャ時代以来陶器の生産は盛んであった。しかし，ローマ時代の陶器は赤色素地と黒色素地である。焼成温度は800℃～1,000℃である。また，ヨーロッパでは，木製の器が多く使用されていた。

　ヨーロッパにおいて焼成温度の高い陶磁器が登場するのは15世紀の大航海時代以後である。木製の器の中には削り残しや木肌の凹凸や節や割れ目が残っている。この凹凸や節の割れ目や使用中の木製の皿の傷の中に食べ滓が残るのである。このような木製の器を洗っても器の中に残った食べ滓が細菌の棲家となり，しばしば疫病蔓延の原因となったのである。

　磁器生産の社会的効果の重要なことは，衛生面における清潔さをもたらす効果なのである。ヨーロッパでしばしば発症した黒死病（ペスト）の蔓延にも深く関係しているのである。

第1節　陶磁器

　「焼き物」とは，土や石を粘土状にして窯で焼成して作ったもののことをいう。陶磁器には土器，陶器，磁器，陶磁器，半磁器がある。あるいは，瀬戸物，唐津物などの分類方法がある。すなわち，陶磁器とは陶器と磁器を合わせた陶磁器の総称である。

　具体的には，土をこねて，粘土として成形して，これを850℃程度で焼成したものを陶器という。石を砕いて粘土を作り，これを成型して1,100℃～1,300℃程度で焼成したものを磁器という。半ば陶土，半ば石

の陶磁器である半磁器もある。半磁器は焼成温度が若干低くなるために燃費が改善されるというメリットがある。

青磁の製作には，1,350℃以上の焼成温度が必要である。同じ青磁釉でも，胎土が陶器の場合は深い緑色に発色し，胎土が磁器の場合は青い色に発色する。青磁器を完成させるためには還元焼きの技術が必要である。「鍋島の十土焼き」という還元焼きの方法が有名である。

《陶器》

陶器とは，土をこねて粘土状にして整形して，窯に入れて850℃〜1,300℃程度焼成する焼き物である。カオリナイト（カオリン）やモンモリロナイトを多く含んだ粘土を原料として，窯で焼成し釉薬を用いる。透光性はなく，吸水性がある。

一般に厚手で重く，叩くと鈍い音がする。低い温度で焼成する粗陶器と高温で焼成する精陶器に分けられる。

瀬戸焼，伊賀焼や大谷焼，ヨーロッパではマヨリカとそれから発展したファイアンス陶器，ウェッジウッドのクリームウェア，クイーンズウェア等硬質陶器，ハフナー陶器[40]などが知られている。

《磁器》

磁器とは，石を粉に砕いて水で捏ねながら粘土状にして轆轤や型で成形して，1,250℃以上の窯で焼成する焼き物である。

1,250℃以上で焼成することによって石が再結晶化するので陶器と比較すると表面が白く光沢があり，割れにくいのが特徴である。

40　ハフナー陶器は，半透光性で，吸水性が殆どない。軽く弾くと金属音である。粘土質物や石英，長石で作った陶土を原料として1,250℃程度で焼成する。主な磁器産地としては伊万里焼と九谷焼がある。

　磁器は半透光性で，吸水性は殆どない。軽く弾くと金属音がする。粘土質物や石英，長石を陶土の原料として 1,250℃〜 1,300℃程度で焼成する。日本の主な磁器としては肥前磁器（伊万里焼や有田焼・三河内焼・波佐見焼）や加賀の九谷焼などがある。英語では，磁器は，porcelain というが，china ということもある。

　また，青磁の焼成のためには，青磁の原石が存在することが前提であるが，それ以上に「還元焼き」という青磁独特の窯焚きの技術が必要であり，窯の温度は最も低いところで 1,300℃以上になることが必要である。1,300℃とは溶岩が冷えて固まるときの温度である。"Celadon" と呼ばれる青色の焼き物は，日本・中国では青磁（青瓷）と言い，磁器に分類されるが，欧米では "Stoneware" の一種とみなされる。

《土器や炻器》

　陶磁器以外に，土器や炻器（せっき）がある。

　土器とは，縄文式土器などのように窯を使わず，粘土を野焼きの状態で 700℃〜 900℃の温度で焼いた素焼きの焼き物である。釉薬（ゆうやく）はかけないが，彩色されているものを「土器」と呼ぶことがある。歴史的には陶磁器の前身である。新潟の信濃川沿いで発掘される「火炎式土器」が有名である。

　炻器（せっき）は，「炻」は日本で考案された漢字であり，英語の "Stoneware" の訳語である。窯を使い，焼成温度は 1,200℃〜 1,300℃。土器と陶器の中間的性質を示すものである。釉薬の有無にかかわらず，透光性・吸水性をともなわないものを指す。ウェッジウッドの「ジャスパーウェア」，ブラックバサルト，ロッソアンティコなどの「ストーンウェア」も炻器である。

　炻器の原語の "Stoneware" は西洋陶磁の用語であり，中国，日本など

の東洋陶磁の分類概念とは一致しない。日本の備前焼や常滑焼などが炻器に分類される場合がある。これらの焼き物は「焼き締め」ともいい，釉薬はかけないが焼成において自然釉がかかるものがある。

　また焼成において火襷（ひだすき），牡丹餅などの模様が偶然に現れることがある。原料に珪酸，鉄を多く含んでいるため，赤褐色か黒褐色をしている。軽く打つと澄んだ音がする。吸水性はほとんどない。古墳時代に登り窯を用いて焼成された須恵器が起源である。しかし，常滑，萬古焼の朱泥，紫泥は中国の宜興窯の紫砂陶器が元である。

第2節　瀬戸物と唐津もの

　陶磁器は，畿内より東では瀬戸物と呼ばれた。太平洋に面した海岸で売られた陶磁器の多くが瀬戸からの船での輸送であったからである。日本海側や中国地方，四国以西では唐津物と呼ばれる。日本海側の各地域や瀬戸内海で売られた陶磁器が唐津からの船での輸送であったからである。瀬戸物も唐津物も陶磁器である。

　江戸時代，日本の陶磁器の産地は，西は佐賀藩の伊万里を中心とした肥前陶磁器の産地があった。伊万里焼（佐賀藩），唐津焼（唐津藩），有田焼（佐賀藩），波佐見焼（大村藩），三川内焼き（平戸藩）などである。東には，瀬戸を中心とした陶磁器産地があった。瀬戸焼，多治見焼き，美濃焼，常滑焼などがあった。（図5.1参照）

《瀬戸物》

　「瀬戸物」とは，本来，瀬戸の地域（愛知県瀬戸市周辺）で作られた焼き物を指す言葉である。しかし，瀬戸の焼き物を使用していた消費地域では陶磁器のことを瀬戸物と呼ぶようになったのである。

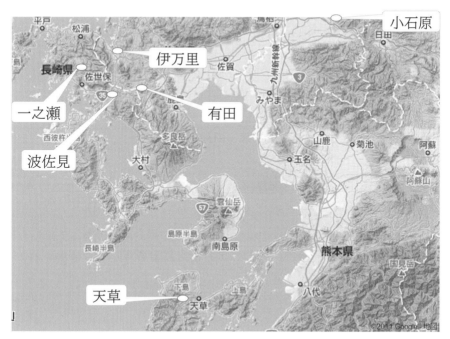

図5.1　肥前の陶磁器生産地

（出所：グーグル・アースによって著者作成）

　江戸時代に尾張藩が瀬戸の焼き物を全国へ販売することを奨励したこと
が大きく影響したと考えられている。瀬戸では，本来，唐津焼のような陶
器生産しかできなかったのであるが，18世紀に伊万里大河内鍋島藩窯の
副島勇七が瀬戸を訪れたことから磁器生産の意欲が高まり，後に，加藤民
吉が密かに肥前に入ってその製法を伝えたのである。

《唐津物》

　「唐津物」とは，中国，四国，九州地方の人たちが西の陶磁器の有名な
産地唐津に因んで陶磁器を指していう言葉である。あるいは「伊万里物」
とも言う。厳密な分類では，「唐津焼」とは陶器であり，「伊万里焼」とは

磁器である。

　陶磁器生産の日本一は，岐阜県の東美濃地方である。岐阜県の多治見や
土岐が最も生産量が多い。この地方の歴史的な焼き物として，「志野」や
「織部」が有名である。

第3節　副島勇七

　寛政12年（1800）に名工副島勇七は刑死して，晒し首にされた。副島
勇七は伊万里大河内の鍋島藩窯の細工人である。

　副島勇七は，天明（1781〜1788）頃，大川内の鍋島藩窯の陶工であった。
鍋島藩窯の陶工は，有田の民窯のような流れ作業ではなく，轆轤や細工，
彫刻，捻り細工をはじめとして，原料の調合や窯積や窯焚きはもちろんの
こと釉薬の調合も自分でしなければならない。鍋島青磁製造に精通した熟
練工であった。勇七はその中でも特に優れた鍋島藩窯の陶工であった。

《定説　副島勇七悪人説－吉川英治『増長天王』》

　幕末の佐賀藩の大川内山において名工の誉れ高い副島勇七は，当時の鍋
島藩主治茂から格別の恩顧を受けていた。

　鍋島藩窯で最も優秀な自分がこんな草深い大川内の山間に封じ込められ
ているのが口惜しい」と彼はその発散出来ない心中の不満を日頃から他人
に漏らしていた。藩命と言って名工等を徴用した上，藩窯からの外出さえ
許さないのは不当であると非難していた。彼は不平を言い，周囲の人たち
は藩主の厚恩を忘却する勇七を傲慢だと憎んだ。

　周囲の批判に晒された勇七は，藩主の裁可を得て藩窯を所払いになり，
大河内の鍋島藩窯への入り口にあたる正力坊の民窯へと居を移された。鍋
島藩は彼の卓抜した技術を大切にするために，民窯の正力坊で仕事をさせ

ようとしたのである。

　しかし，彼は益々増長し監督の藩吏に抵抗した。鍋島藩は彼を伊万里大河内から追放すれば，その秘法を他国へ伝播させる恐れがあるとして，寛大に待遇していたのである。しかし，寛政9年 (1797) のある夜，彼は妻子を捨てて遁走したのである。

　副島勇七の後を追った佐賀藩の捕吏，皿山代官所下目附小林伝内は，副島勇七探索の旅に出た。やがて京都の市場で売られていた瀬戸焼の中に色鍋島を模写したもの」を発見した。小林伝内は勇七を捕えるために瀬戸へ乗り込んだのである。

　しかし，徳川御三家筆頭の尾張領内には，勝手に踏み込むわけにはいかず商人に変装して捜索して，ついに瀬戸の窯元に勇七がいることを発見して，捕まえて佐賀藩に連れ帰った[41]。

　このストーリーが，吉川英治が説明する『増長天王』の副島勇七像である。

第4節　副島勇七の真実

　鍋島藩窯の陶工は，吉川英治が書いているように藩窯の作業場「御細工小屋」の中に1年中封じ込められていたわけではなかったのである。佐賀藩においては，藩窯の陶工は武士格である。そして過剰生産を防ぐために半年間は藩窯を出て自由に遊ばせていたのである。この吉川栄治の副島勇七「増長天王」説は，鍋島藩窯の運営についての基本的な決まりごとに関する知識について無知な人の情報をもとに吉川英治が書き上げた妄想の世界なのである。

41　「日本陶磁器史論」という書には勇七が行った所は瀬戸でなく砥部とある。また，中島浩気著「肥前陶磁史考」では有田の古い資料からして瀬戸と断定されている。

　藩窯の他の陶工たちは名工の誉れ高い勇七の技術を妬んで，勇七を陥れたのが事実であろう。伊万里大川内には，今日になっても未だに勇七に対する誹謗中傷は続いている。

　勇七は佐賀以外の焼き物についてその技術を知りたかったのである。京都の楽焼やその他の産地の陶磁器生産の技術を知りたかったのである。

　勇七の行き先の1つに伊予の国の砥部（愛媛県松山市砥部）がある。勇七は名前を久米勇七と変えて，砥部において陶工の仕事を行っていた。勇七はそこで鍋島の技法を伝えて，名人として評価された。砥部の陶工たちは勇七の製陶作業を見て学んだのである。やがて勇七の作った砥部の焼き物は，京の都や大坂で評判になって売れるようになった[42]。

　追手の小林伝内は，京都の市場で売られていた砥部焼の製品を見て鍋島藩窯の技術であることを見抜いて勇七を探すために砥部に入ったのである。危機一髪のところを抜け出した副島勇七は，砥部を出奔して瀬戸に向かった。砥部には，庸八という副島勇七の弟子が居り，勇七の技術を伝えたという伝説が残っている[43]。

《瀬戸での逮捕劇》[44]

　皿山代官所下目附小林伝内は，尾張徳川藩の領内に，商人に変装して潜入して，瀬戸のある窯元に勇七がいることを突き詰めた。長崎から来た呉須売りに変装してその窯焼きへ行って呉須を買わないかと申し入れた。呉

42　勇七が伊予の砥部に行った形跡とは，瀬戸で名乗った久米姓にある。それは，砥部で勇七の面倒を見た窯元の姓であるからである。今日，砥部には副島勇七が来て技術を伝えたという言い伝えが残っている。

43　砥部で語られている物語に「庸八焼き」がある。庸八とは勇七の弟子であり，青磁の焼成を試みたが成功せず，黄色い色の陶磁器が焼かれていたというのである。青磁の還元焼きに失敗した「米色青磁」を造っていた可能性が高いのである。

44　このストーリーは著者が佐賀大学時代に，『肥前陶磁史考』を参照して，伊万里の窯元や有田の陶芸家達から聞いた話をまとめたものである。

須売りの小林伝内に応対した窯元の主人は自分では品質の見分けは出来ないので, 別室に居る勇七に鑑定をさせると運んで行った[45]。暫くして別室から出てきた主人は「品質は悪くないが, 値段が少々高いから値引きしてくれ」と言った。

　伝内はその呉須を手に取って見て,「これは今自分が渡した呉須ではない。別室で他の劣等品とすり替えたに違いない」と言い掛かりをつけた。主人は「以ての外」と驚いて弁明した。しかし, 伝内は承知しない。主人も立腹し遂に立ち上がっての喧嘩になった。別室でこの話を聞いていた勇七が刀を引っ提げて飛び出して来たので, 小林伝内は「得たり」と難なく勇七を取り押えて捕縛してしまって, 佐賀城下に護送した。

　佐賀藩で糾問を受けた勇七は,「この上は世界無比の絶品を命にかけて仕上げて献上するから, 生命だけは助けてくれ」と嘆願した。それは磁器製の刀を作るという提案であった[46]。

　勇七の技術力を知っている藩主治茂は死一等を減じたい意向を漏らしたが, 藩法は曲げることは出来ないとして, 寛政12年 (1800) 12月28日, 嘉瀬の刑場で斬首され, 他の工人達へのみせしめとして有田から大川内に入る鼓峠に晒し首にされた。勇七を捕縛した小林伝内はこの功によって足軽から士籍に昇進した。

　以上が, 筆者が調べた副島勇七の生涯である。

《伊万里の勇七の墓》

　伊万里大河内の金仙窯 (金武家) の裏に副島勇七の墓がある。鍋島青磁の完成を願っていた金仙窯の主人金武昌人氏が, ある日勇七が夢枕に立ったのを記念して建立したものである。

45　瀬戸の窯元達は巧みに勇七を隠匿して佐賀藩からの追っ手の詮索を警戒していた。
46　今日, セラッミクス製の包丁は販売されている。

　今日の砥部焼は，焼成温度の高い厚手の染付の焼きしまった白磁であり，赤絵は無い。これは，鍋島の技術を伝えた鍋島の染付（陰青）の技術である。砥部からは，毎年，陶芸関係者の代表が副島勇七の墓にお参りに来られている。

　しかし，大河内の窯元の人たちは表向きお参りしないのである。脱藩者勇七は今でも悪党であるからである。しかし，焼き物の技術の上達を願う大河内の陶工たちの中には密かにお参りに来る人もいるとのことである。

第5節　瀬戸の磁器製造史と加藤民吉

　仁治3年（1242）に加藤四郎左衛門景正が瀬戸の地の良質の陶土に着目して窯を築いた。延宝年間（1673－80）に尾張藩主徳川光友は瀬戸焼の原料祖母懐の土を藩の御用窯での使用以外を一切禁じた。陶芸を行う家には一戸に轆轤一つと制限した。そこで戸主以外の者は鋤鍬をとって百姓になるか，土方人足になる者が多かった。

　寛政12年（1800）頃，当時尾張国熱田新田の開墾奉行だった津金文左衛門胤臣は中国伝来の書物で南京石焼の口伝を読んで磁器のことを考えていた。新田の開墾地に従事していた加藤吉左衛門と次男民吉を瀬戸へ帰して，庄屋をしている本家の加藤唐左衛門高景に協力させて白磁製作の研究に没頭させた。

　彼等は胤臣の書をヒントにして知多郡翔缺村の原料を吟味し刻苦奮励数十回も試焼した末，漸く似よりの盃四・五を焼き上げ胤臣に示した処，彼は非常に喜んで早速熱田新田の古堤に築窯しようとした。

　瀬戸では磁器製造は本業の陶器販売に影響し，従来の瀬戸窯焼達が瀬戸の死活問題だと騒ぎ立てていた。加藤唐左衛門の斡旋によって藩家老送水甲斐守が裁断して，この磁器製造を熱田でなく瀬戸でやることになり，胤

臣も承諾してこの事業を新製と称して陶家の次男以下にやらせると定めたのである。

　享和2年（1802）11月，瀬戸で初火入れをしたが，結果は不完全であった[47]。翌年，胤臣は75才で死去した。

　1790年代に副島勇七から磁器の技法を伝授されたものの瀬戸の磁器の完成は遠かった。加藤唐左衛門も副島勇七が加藤久米八や同忠次等に磁器製法を伝えた当時から同じ希望を抱いていたが，適当な原料を得られず，また，焼成技術がわからずにいたのである。

《加藤民吉の九州入り》

　瀬戸から，誰かを肥前に潜行させることになり，加藤民吉が選ばれた。彼は必ず秘法を習得して帰ると誓って享和4年（1804）2月，瀬戸を出立した。

　加藤民吉は，尾張国愛知郡菱野村生まれで，肥後天草の東向寺の住職をしている天中を頼って，天草に上陸した。磁器の原料の産地である天草の東向寺を根拠地にして天草，三川内，佐世保一瀬，有田，伊万里を探索した。

　民吉は天草で築窯，窯詰め，（窯の）焚き方，素地土，釉薬の調合，呉須の調合などあらゆる技術を体得した[48]。しかし，最も技術を必要とする赤絵窯の焚き方と還元焔での焼成方法は習得できなかった。天中は民吉の目的と志を聞いて，この地の窯焼上田原作に周旋した。彼はそこで半年間働いた。しかし，上田は肝心の磁器の施釉法だけは教えてくれない。そこで或る日，民吉は長崎の諏訪祭を見たいという口実で天草を去った。

47　磁器製造で窯の中で火力に不均衡が起こり，釉薬にムラが出来る，窯の安全な使用方法がわからない（九原常雄『瀬戸＝土と火の町』）

48　杉浦澄子「瀬戸と東海諸窯」を参照した。

　文化2年（1805），民吉は天中の添書を持って平戸領佐世保村の西方寺を訪れた。西方寺では折尾瀬村の薬王寺を紹介され三河内の窯元今村幾右衛門方に職人として住み込んだ。

　間もなく藩の人別調べがあって，他国人は一切この地に滞在させてはならないという布告があったので，又，薬王寺の寺男に戻った。彼は江永山の某女を妻としてこの地の久右衛門という窯焼に住み込んだ。しかし，江永山の製磁技術は三河内より遅れていることが分かり，三河内へ帰る機会を窺っていた処，本場の有田は一里半ほどの道のりと聞いた彼は，有田皿山に潜入した。

　有田の泉山の築窯師堤惣左衛門の家に寄寓し，丸窯の構造や還元焔の焚き方などを見学した。余りに真剣な態度を怪しまれ慌てて薬王寺に帰った。身辺に危険を感じた彼は，妻の親の注意もあって同年12月，妻と共に出奔して佐々村の市の瀬鴨川の窯焼福本仁左衛門方に身を寄せた[49]。仁左衛門は民吉の精勤ぶりが気に入り，胸襟を開いて釉薬その他の製法を詳しく伝授した。目的を果たした彼は妻に因果を含めて文化4年（1807）単身この地を去った[50]。

　帰途，長崎から天草に寄って東向寺を訪れて謝した後，上田家でかつて欺いて去った無礼を深く詫びて自分の素姓と目的を明かした。それを聞いて感動した上田は自家秘伝の赤絵付けの方法を伝授した。瀬戸への帰途，肥後国八代の高田窯を見学して同年6月18日，3年ぶりに瀬戸へ帰着した。

　佐世保の一之瀬焼を拠点として磁器製法を身につけた民吉は，瀬戸に帰り，文化4年（1807），磁器の製造を始めた。3年後の文化7年（1810）に

49　平戸藩では民吉を匿ったという罪によって，薬王寺第十三世の住職雄山泰賢は，国法に従い傘一本を持って国外へ追放された。
50　佐々に残された民吉の妻女のその後のことについては何ら伝えられていない。

瀬戸磁器の祖加藤民吉保堅は53才で卒去した。

　その後瀬戸では木節[51]や蛙目[52]などの優良な窯業原料が次々に開発されて加藤民吉がもたらした磁器生産は益々盛んになった。

第6節　ボーンチャイナ

　ボーンチャイナは，磁器の種類のひとつである。ボーンは骨のことで，チャイナは磁器を指す。ボーンチャイナと呼ばれる乳白色のなめらかな焼き物は，18世紀にミントンが発明した。イギリスではカオリナイト[53]が入手困難だったため，代用品として原料に牛の骨灰（リン酸カルシウム）を使ったのが基だとされる。一般磁器に比べ，素地が薄いにもかかわらず，強度が強く，透光性がある。

　カオリナイトの名は中国江西省の高嶺（カオリン：Kaoling）山に由来する。高嶺山で産出する粘土は，景徳鎮で作られる磁器の材料として有名である。また同質の粘土（鉱石）はカオリン（kaolin）[54]と呼ばれる。日本では岡山県備前市三石，広島県庄原市勝光山が産地として有名である。

《暁の寺の建物の表面はタイル張り》

　磁器の中に鉄分が噴き出して黒くなる部分に傷隠しとして赤絵を施す。

51　木節粘土，または木節土という。炭化した木片や亜炭，木の節などを含むのでこの名がある。耐火度は高いが，焼成の時，収縮率が大きい欠点がある。

52　蛙目とは「がいろめ」と呼ぶ。カオリナイト鉱物を主成分とする花コウ岩，花コウ斑岩などを母材としてできた風化残留粘土である。粘土に含まれる石英粒子が雨にぬれ，カエルの目のように光るので，この名前が付けられた。

53　カオリン（kaolin）－カオリナイト（カオリン石，Al2Si2O5（OH）4），ディク石，ナクル石の総称，またはそれらからなる粘土（鉱石）のこと。

54　カオリンとは，ケイ酸アルミニウムなど天然に産出する粘土鉱物を粉砕して作られる白色～灰色粉末であり，アロマテラピーやエステパックのベースとなる。

赤絵の色の材料は，鉛である。これを食器の内側に施すと鉛中毒になる可能性があるので危険である。この理由で鍋島藩は赤絵製作をしばしば禁止しているのである。

　タイ王国バンコク市内の暁の寺（ワットアルン）は，ヒンドゥー教の影響を受けたクメール様式の建築物である。中国から輸入された赤絵皿が人体に危険であることを知った王が赤絵皿を割らせてタイルとして寺の壁に貼り付けたものである。赤絵の陶磁器張りのお寺である。寺の東側を流れるチャオプラヤ川の東から現れる太陽の光を浴びてガラス質のタイル張りの暁の寺は，早朝，美しく映えるのである。

第6章　白磁と青磁 [55]

第1節　玉と青磁の歴史

　玉とは翡翠のことをいう。中国では，他の宝石よりも価値が高く，腕輪などの装飾品や器，精細な彫刻をほどこした置物などがある。

　玉は古代から不老不死，生命の再生をもたらす力を持つと信じられてきた。古代，遺体全体を玉で覆う習慣がある。秦の始皇帝（B.C.259 ～ B.C.210）や唐の則天武后（623 ～ 705）の遺体がこの玉で覆われていたとされている。

　中国の皇帝はこの不老不死の翡翠を日常生活雑器として使用するために，より美しい人工の翡翠である青磁の器の製造を求め続けたのである [56]。

《南宋の時代》

　南宋官窯の青磁は，陶磁器の歴史上で最高水準の陶磁器製造技術であることがわかっている。それは高価な翡翠で造られた皇帝の生活雑器である。

　南宋の首都であった杭州の修内司官窯においては，白磁に青磁釉を掛けた青磁器が制作されていた。白色の磁器の上に青磁釉を施すと美しい青空

55　本書の内容は，大矢野栄次著『古伊万里と社会』（同文館出版社，1994 年）に詳しく説明している。

56　日本では糸魚川で産出する硬玉の翡翠が勾玉の材料として，古代に使用された。

のような青色の器が造られるのである。南宋の時代，皇帝の宗教儀式の道具として用いられていた。

　また，土色の陶器の上に青磁釉を施すと表面に多くの罅（ひび）状の模様が入った深い緑色の器が造られる。南宋の時代の杭州の郊壇窯（新官窯，郊壇下新官窯）では，皇帝の生活雑器として，このような陶器の上の緑色の罅状の青磁器が焼かれていたのである。この郊壇窯で製作された青磁は，「罅青磁」と呼ばれる。

　このような罅は窯の火を止めた後の器が冷えるときに，美しい音色[57]を立てながら罅が発生するのである。比熱の低い陶土のボディーが冷えるときに比熱の高いガラス質の青磁釉が器の表面はゆっくり冷えるために，冷えて縮小するボディーに釉の青磁釉の表面が引っ張られて内側に罅が発生するのである。この溝は青磁釉の部分だけで発生しているために表面に多くの罅状の模様が入るが，陶土制のボディー本体には傷や貫入は入らないのである。

　この罅青磁は，毒を制する器として，皇帝の日常生活のために生活雑器として使用されたのである。たとえば，トプカプ宮殿に展示されている皇帝の生活雑器の中には中国あるいは日本の伊万里大河内から輸入された罅青磁の生活雑器が多く見受けられる[58]。

《官用（貫入）》

　日本では，室町時代に「官用」の罅青磁を「貫入」の青磁と誤解して紹介された経緯がある。「官用」の青磁とは皇帝用の青磁雑器のことであり，罅青磁のことである。

57　表面の青磁釉の薄いガラス質に罅が入る音であろう。
58　このトプカプ宮殿の皇帝の日常生活のための生活雑器については，久留米大学の事務職員島原理恵子さん提供の写真レポートである。

図6.1　トプカプ宮殿に展示されている鍋島罅青磁
(出所：トプカプ宮殿の皇帝の日常生活のための生活雑器，島原理恵子さん撮影)

　しかし，この表面の罅を「貫入」であると聞き間違って誤解した人がいるのである。「貫入」とは窯の火を止めた後に早めに蓋を開けると窯の中が急激に冷えてしまうために器の本体のボディーが焼き締まってない場合には本体が割れてしまう場合をいうのである。いわゆる陶磁器が製作過程で割れた失敗作である。

　ところが，この「官用」の音を「貫入」と聞き間違った人が「貫入の青磁」は高級という間違った知識が市場において流布してしまったのである。これが未だに貫入と管用罅青磁の区別ができない陶芸家が多い原因である。

第2節　鍋島青磁

　江戸時代に伊万里大川内の鍋島藩窯で焼かれた青磁は「鍋島青磁」と呼び珍重された。上質の磁器の白い肌の上に呉須で描かれた染付は「陰鎮」[59]と呼ばれる薄い青磁釉がかかっており「染付鍋島」と呼ばれて，「鍋島青磁」と同様に珍重される焼き物である。この陰鎮と呼ばれる青白磁は表面が青磁釉であるために750℃〜850℃の赤絵窯のような低い温度では焼成することはできない。

　「鍋島青磁」は江戸時代に伊万里大川内の鍋島藩の藩窯において製造された13世紀後半以降の南宋渡りの青磁器製造技術からの伝統を受け継いだ製法なのである。

　延宝3年（1675）鍋島藩は藩窯の御細工家をこれまでの南川原から伊万里の大川内に移した。これは龍造寺の時代から鍋島の時代へと藩政が変化して鍋島藩の権力が安定した時代に伊万里大川内に優秀な陶磁器製造技術者集団が居り，六本柳に青磁の原料が産出することが大きい理由であった[60]。

　南宋官窯の技術は，文永の役（1273）によって博多の唐人街が全滅した後の元の南宋侵略による南宋の滅亡とともに亡びてしまった。この南宋官窯の伝統を残すのが，中国大陸の竜泉窯であり，後の景徳鎮である。

　元寇の弘安の役（1281）の際に，江南軍[61]のボートピープルの中にいた官窯の製作技術を持った者達が佐賀県伊万里市大河内の腰岳の青磁を使って，南宋官窯の青磁製造技術を復活させたのが，伊万里大河内の青磁であ

59　青白磁とも呼ばれる。

60　詳しくは本章第4節の高原五郎七を参照されたい。

61　「経済学で紐解く日本の歴史上」第3章参照されたい。

り，江戸期の鍋島青磁である。

　鍋島青磁の製作において，他の陶磁器生産の場合と比較して大きく異なる青磁の製作過程は，「嬲り焼き」や「鍋島の十度掛け」という工程である。

　「嬲り焼き」とは窯による焼成の際に酸素の供給を断ち切って温度を上げる焼き方，すなわち，窯の中で酸素が少なくなる様に焼成する方法である「還元焼き」の手法である。鉄の成分は釉や胎土の中に存在する。「還元焼成」においては胎土や青磁釉の中に含まれる鉄分の中の酸素が，強制的に剥ぎ取られ，酸化第一鉄に変化し，それが，青磁の青緑色を発色させるのである。

　「鍋島の十度掛け」とは，青磁を釉のようにかけては焼成し，また，冷えた青磁器の上に青磁釉を掛けて焼成するという作業を10度も繰り返して表面の青磁釉の部分を少しずつ厚くすることから言われる言葉である。深い緑色の青磁釉が雲母状に幾重にも重なる姿は鍋島青磁の最高峰の出来である。

　窯の温度の斑から発色する黒っぽい部分と深い緑色の部分が斑模様に浮き上がる様子が蟹の手の文様を思い出させることから「蟹の手青磁」と呼ばれる作品がある。

《鍋島焼と青磁作りの失敗作》

　鍋島焼とは，色鍋島と染付鍋島，鍋島青磁，鍋島七官手（鎬青磁）の4種類である。色鍋島とは色絵鍋島である。呉須で描かれた下絵の上に宝石を溶かして絵の具のように施して宝石の結晶を絵に再現したものが本当の色絵鍋島である[62]。

62　有田の柿右衛門様式や今右衛門の様式とは焼成方法をはじめ絵付けの方法も別の焼き物なのである。

　還元焼成の失敗作は酸化焼成によって発色する「米色青磁」である。秋の稲穂の実りの黄金色であることから「米色」と名づけられたようである。

第3節　肥前陶磁器の誕生

《波多氏の滅亡と『岸岳崩れ』》

　肥前の陶磁器の歴史は，松浦党盛衰の歴史とともに研究されなければならない。この松浦党は東の唐津や佐志を中心とした上松浦党と西の今福や志佐を中心とした下松浦党の2つのグループに分けて説明される。

　東の上松浦党の中心は元寇の弘安の役以前は唐津湾の佐志が中心であったが佐志の三兄弟が亡くなり，戦国時代には唐津の波多氏が中心であった。

　戦国時代の末，北波多の岸岳周辺に『岸岳七窯』があり，今日の『古唐津』が焼かれていた。領主『波多三河守』は，豊臣秀吉の文禄の役に鍋島直茂の旗下として朝鮮に出陣したが，秀吉の怒りにふれ文禄3年（1594）所領は没収された。

　波多氏の窯があった岸岳の窯場の多くの陶工達は逃散して，『岸岳崩れ』と呼ばれた。彼らは南波多の櫨の谷や伊万里大河内周辺，平戸藩の三川内などに逃れて窯を開いたと考えられているのである。

《高麗媼》

　文禄・慶長の役は焼き物戦争といわれているほど，各大名は朝鮮から多数の陶工を連れて帰り，自国領内で焼き物生産にあたらせた。

　日本の焼き物生産において『白手』白磁の焼成に成功したのは，『高麗媼』と言われている。高麗媼は，今村氏の始祖となった『巨関』と同じ朝

鮮の熊川出身で，この頃朝鮮半島より渡来し，佐世保の中里において陶工
『中里茂右衛門』の妻となって焼き物を焼いていたが，招聘されて伊万里
の『椎ノ峰』に入った。夫の死後，元和8年（1622）頃，一子『茂右衛門』
を連れ「岸岳崩れ」[63]の陶工をたよって三川内の長葉山に開窯したと云われ
ている。

　製陶の技術に優れ，陶工達をよく指導したので尊敬を込めて『高麗媼』
と呼ばれた。三川内山に御細工所が開設されるまでの約30年ばかり，長
葉山の藩窯の時代が続いた。今村三之丞や，弥次兵衛（如猿）等と協力し
て三川内焼を大成させ，子の茂右衛門は御用窯の窯焼方に任用された。
『高麗媼』[64]は三川内の中里家一統の祖先となり，釜山大明神の祭神として
祀られている。今日では，唐津の椎の峰に「陶仙窯」だけが残っている。

第4節　陶工の追放と高原五郎七

　高原五郎七[65]とは，『有田町史』によると難波に生まれ，天正15年（1587）
に豊臣秀吉が建てた聚楽第の御用陶師になっている。肥前名護屋城の御用
陶師（天正15年（1587））となり，肥前名護屋城において豊臣秀吉につかえ
て茶碗などを焼いた。

　関ヶ原の合戦以後，大坂方として大坂城に籠城して戦い，大坂落城後の
元和2年（1616）には博多に落ち延び，承天寺の僧登叙を頼って来ている。

63　岸岳城は，唐津市相知町佐里・北波多岸山に存在した山城である。鬼子岳城と書いた。
　　文禄2年（1593）に豊臣秀吉によって波多氏が改易され，当城は廃城となったと。このとき
　　散らばった陶工たちを「岸岳崩れ」という。

64　三川内焼に関する旧記の中に「『焼物釜の神をニム子（ね）明神』と称し，この神を高麗人の
　　老女が守っている」との文がある。この老女は，『高麗媼』であり，寛文十二年（1672）に百四
　　歳と記されている。

65　朝鮮からの渡来人とする説もある。

　元和5年（1619）唐津焼の産地である伊万里南波多の椎ノ峰に移り住んで，この地の陶工達に陶芸技術を教え，寛永3年（1626）に，喜三右衛門に招聘されて南川原に四年間滞留したとある。

　寛永6年（1629）には嬉野内野山で開窯し，翌7年佐賀藩の御陶器主任副田喜左衛門の懇請によって岩谷川内の御道具山に来て青磁の焼成に成功して，その製品を藩主へ献上したとされている。

　しかし，その頃，幕府による伴天連追放令（1612）などキリシタン宗門の詮議が厳しくなり，五郎七は寛永10年（1633），青磁の製造に必要な道具類を谷に投げ捨て夜に紛れて逃亡した。

　大坂へ逐電した彼は寛永12年（1635）その地で死去したといわれている[66]。伴天連追放令との関係で多くの伴天連陶工たちが嬉野不動山から追放されたことが知られている。

　『肥前陶磁史考』（中島浩気著，青潮社，昭和60年8月）などの説では赤絵の始まりは寛永20年（1643）とある。その頃伊万里の有力な陶器商である東島徳右衛門が，白銀十枚の伝授料で長崎に居留していた明国人の周辰官から赤絵付を習得したと聞いた喜三右衛門は，是非それを伝授してくれと懇望した処，その熱意に動かされた徳右衛門は協同して完成することを承諾した。喜三右衛門は徳右衛門の指導の下に実地試験に着手した。赤絵の絵付には成功したものの，金銀の焼付法が未だ残されていたので，彼は自ら長崎まで出向いて周辰官を訪ねた。『肥前陶磁史考』ではこの金銀焼付の完成に高原五郎七の門弟宇田権兵衛という者が協力したとある。

《隠れキリシタンの里，嬉野不動山》

　嬉野の不動山には，不動窯跡があり，皿屋谷一帯には，数基の窯跡が残

66　『肥前陶磁史考』によれば，杵島郡白石郷竜王村の飯盛山住人酒井田円西が，松浦郡有田郷の南川原に移住したのは高原五郎七よりもかなり後の時代である。

っている。芙蓉手の染付や青磁の大物等優れた品が発見されている。「熱残留磁気測定」によると，1680年±30年と推定されているが[67]，当地区の窯についての記録や古文書などには隠れキリシタンとの関係の記載がない。

　この窯は，有田や波佐見との間の相互の影響を受けながら発達したが，短期間で廃窯になったものであり，キリシタンの可能性が高い高原五郎七の窯跡の可能性が高いのである[68]。

67　この窯が最後に焼成された時代を図っているので，高原五郎七の時代との整合性はある。

68　島原・天草一揆（島原・天草の乱）は，寛永14年10月25日（1637年12月11日）－寛永15年2月28日（1638年4月12日）である。

第7章　龍造寺隆信

第1節　龍造寺孝信

　龍造寺隆信は，戦国時代から安土桃山時代にかけての肥前国の戦国大名である。「肥前の熊」などの異名がある[69]。

　龍造寺孝信は仏門にいた時期は，中納言円月坊を称し，還俗後は初め胤信を名乗り，大内義隆から偏諱をうけて隆胤，次いで隆信と改めた。

　少弐氏を下剋上で倒し，大友氏を破り，島津氏と並ぶ勢力を築き上げ，須古城を中心として肥前・肥後・豊前・筑後・筑前国を支配し，大友氏，島津氏と共に九州三大名として九州を支配した。しかし，島津氏・有馬氏の連合軍との戦いである島原半島の「沖田畷の戦い」で敗死した。

第2節　龍造寺隆信の下剋上

　天文14年（1545），祖父龍造寺家純と父周家が主君少弐氏に対する謀反の嫌疑をかけられて少弐氏重臣馬場頼周によって誅殺された。円月（龍造寺隆信）は，曽祖父の家兼に連れられて筑後国の蒲池氏の下へ脱出した。

　天文15年（1546），家兼は蒲池鑑盛の援助を受けて挙兵し，馬場頼周を討って龍造寺氏を再興するが，まもなく家兼は高齢と病のために死去し

69　龍造寺嫡家は途絶えたとされているが，龍造寺一門の子孫や後裔は，現在の佐賀県・長崎県諫早市・大村市などに点在するとされている。

た。

　翌年，円月は，還俗して胤信を名乗り，水ヶ江龍造寺氏の家督を継いだ[70]。

　その後，龍造寺本家の当主胤栄に従い，天文16年（1547）には胤栄の命令で主筋に当たる少弐冬尚を攻め勢福寺城から追放した。

　天文17年（1548），胤栄が亡くなったため，胤信はその未亡人を娶り，本家（村中龍造寺）の家督も継承した。胤信の家督乗っ取りに不満を持つ綾部鎮幸等の家臣らを抑えるために大内義隆と結び，翌天文19年（1550）には義隆から山城守を，さらに義隆の一字を与えられて7月1日に隆胤と改め，同月19日に隆信と名乗った。龍造寺隆信は大内氏の力を背景に家臣らの不満を抑え込んだ。

　同年，祖父龍造寺家純の娘である重臣鍋島清房の正室が死去すると，隆信の母慶誾尼は，清房とその子直茂は当家に欠かすことができない逸材として，押し掛ける形で後室に入って鍋島家を親戚とした。

第3節　龍造寺家の時代

　天文20年（1551），大内義隆が家臣陶隆房（晴賢）の謀反により「大寧寺の変」にて死去すると，後ろ盾を失った隆信は，龍造寺鑑兼を龍造寺当主に擁立せんと謀った家臣土橋栄益らによって肥前を追われて筑後に逃れた。再び柳川城主の蒲池鑑盛の下に身を寄せた。土橋栄益らは密かに大友氏に通じていた。

　天文22年（1553），蒲池氏の援助の下に挙兵して龍造寺隆信は肥前の奪

70　龍造寺胤信の水ヶ江家の家督相続には一族・老臣らの意見は割れた。そこで八幡宮に詣でて籤を三度引き神意を問うたが，籤は三度とも胤信を選んだため，家督相続が決定したという。

還を果たした。その際に小田政光が恭順し，土橋栄益は捕えられて処刑された。龍造寺鑑兼は隆信正室の兄であり佐嘉郡に帰らせて所領を与えた。

　その後，龍造寺隆信は勢力拡大に奔走し，永禄2年（1559）にはかつての主家少弐氏を攻め，勢福寺城で少弐冬尚を自害に追い込んで少弐氏を滅ぼした。次に，江上氏や犬塚氏などの肥前の国人を次々と降し，永禄3年（1560）には千葉胤頼を攻め滅ぼした。（図7.1参照）

　更に少弐氏旧臣馬場氏，横岳氏なども下し，永禄4年（1561）には川上峡合戦で神代勝利を破り，永禄5年（1562）までに東肥前の支配権を確立した。

　龍造寺隆信の勢力拡大は，有馬氏や大村氏などを震撼させ，永禄6年

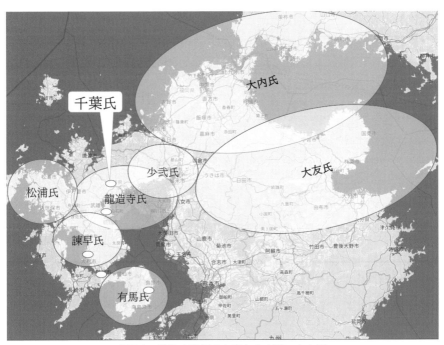

図7.1　龍造寺隆信の台頭と大内氏・大友氏

（出所：グーグル・フラッドにより著者作成（－5m））

(1563) に両家は連合して東肥前に侵攻した。龍造寺隆信は千葉胤連と同盟を結んで「丹坂峠の戦い」でこの連合軍を破った。これにより龍造寺隆信の勢力は南肥前にも拡大した。

　今度は，豊後国の大友宗麟が龍造寺隆信を危険視し，少弐氏の生き残りである少弐政興を支援し，これに馬場氏や横岳氏ら少弐氏旧臣が加わって龍造寺隆信に対抗した。(図7.2参照)

　永禄12年 (1569) には大友宗麟自らが大軍を率いて肥前侵攻を行うが，毛利元就が豊前国に侵攻してきたため宗麟は肥前から撤退した (多布施口の戦い)。

　毛利元就を破った宗麟は，再度，佐賀に進出した。

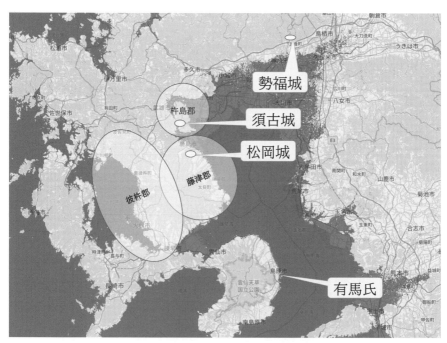

図7.2　龍造寺隆信の肥前南部支配領域

(出所：グーグル・フラッドにより著者作成 (－5m))

　永禄12年（1569），大友宗麟（義鎮）が佐賀に侵攻した。鍋島清房は龍造寺隆信に籠城を進言し，同時に安芸毛利氏に大友領への侵攻を要請した。

　元亀元年（1570），大友宗麟の弟大友親貞を総大将とする3千の軍を組織し肥前に侵攻した。「今山の戦い」で家中が籠城に傾く中で鍋島清房は夜襲を進言し，夜襲隊を指揮して大友宗麟を撃破した。この勝利を記念して鍋島家の家紋を剣花菱から大友家の杏葉へと替えた。

　元亀3年（1572），少弐政興を肥前から追放した。

　天正元年（1573），西肥前を平定した。

　天正3年（1575），少弐氏の残党を滅ぼし，東肥前を平定した。

　天正4年（1576），南肥前に侵攻し，有馬氏・大村氏らを屈服させた。

　天正6年（1578），有馬鎮純の松岡城を降して，肥前南部の藤津・杵島・彼杵三郡を支配領域として収め肥前の統一を完成した。

　天正8年（1580年）4月，龍造寺隆信は家督を嫡男政家に譲って自らは須古城へ隠居した。しかし政治と軍事の実権は握り続けた。

《須古城》

　須古城は，戦国時代における佐賀県杵島郡白石町にあった城である。本来は平井氏の城であり，杵島，男島城の3城で連携した難攻不落の城であった。佐賀県下でも最大規模の城郭群を成している。高城，隆城ともいう。

　室町時代は，平井経治などの平井氏の居城であった。4度にわたる龍造寺隆信の猛攻により，天正2年（1574）に落城した。

　平井氏滅亡後，龍造寺隆信が城に居を移した。隆信は須古城の大規模な改修を行い，曲輪，土塁，防塁，2重の堀，虎口などを新しく備え，東西長軸560m・南北長軸580mまで拡大し，須古城は佐賀県最大の平山城となった。改修後は，龍造寺隆信の北部九州支配の重要な拠点となった。

　沖田畷の戦いで隆信が戦死すると，隆信の弟龍造寺信周が須古城の城主となった。

　天正8年（1580），龍造寺政家が家督を継ぎ，須古城に移住した。

第4節　龍造寺隆信と鍋島直茂

　鍋島直茂は，天文7年（1538），肥前佐嘉郡本庄村の在地豪族鍋島清房の次男として生まれる。母華渓は龍造寺氏（家純）である。

　天文10年（1541），鍋島直茂は主君龍造寺家兼の命令により，小城郡の千葉胤連（西千葉氏）の養子となる。

　天文14年（1545），少弐氏によって龍造寺家純らが殺され，龍造寺家兼は筑後の蒲池氏を頼って逃亡し，龍造寺氏と少弐氏が敵対関係になった。実父鍋島清房は直茂の千葉氏への養子縁組を解消して実家に戻らせた。

　天正8年（1580），龍造寺政家が家督を継ぐと，鍋島清房は政家の後見人を任された。

第8章　文禄・慶長の役と肥前陶磁器

第1節　文禄・慶長の役

文禄・慶長の役は，天正20年（1592）に始まって翌文禄2年（1593）に休戦した文禄の役と，慶長2年（1597）の講和交渉決裂によって再開されて慶長3年（1598）の太閤豊臣秀吉の死をもって日本の軍撤退で終結した慶長の役とを合わせた戦役の総称である。

対馬島を侵略した朝鮮による応永の外寇以来の朝鮮半島国家との戦争であった。

《応永の外寇》

応永の外寇は，室町時代の応永26年（1419）に起きた，李氏朝鮮による対馬侵攻を指す。

朝鮮軍は227隻の船に1万7,285人の兵士を率いて対馬に上陸した。宗貞盛の抵抗により，4人の将校が戦死し，百数十人が戦死及び崖に追い詰められて墜落死し，朝鮮軍は動揺して逃走したが船に火を掛けられて大敗を喫した。

この外征以降，宗貞盛に日朝貿易の管理統制権が与えられ，対馬と朝鮮の通交関係の回復がなされた。その後，宗貞盛は李氏朝鮮と嘉吉条約を結び，朝鮮への通交権は宗氏にほぼ独占されるようになった。

第2節　朝鮮出兵と鍋島直茂

　豊臣秀吉は天正16年（1588），龍造寺政家に対して，天正17年（1589）に鍋島直茂と嫡子勝茂にそれぞれ豊臣姓が下賜された。この天正16年から，鍋島直茂は龍造寺領国内における支配権を誇示するかのように印章の使用を開始し自己の権力を確立させた。

　朝鮮出兵においては，鍋島直茂は龍造寺家臣団を率い，加藤清正を主将とする日本軍二番隊の武将として参加した[71]。

　朝鮮出兵を経て龍造寺家臣団の鍋島直茂への傾倒が一層促進されたこともあって，直茂と政家との不和が噂されるようになった。文禄4年（1596）には政家毒殺が噂され，直茂は噂を否定する起請文を提出している。

　朝鮮出兵において鍋島直茂は一度も帰国することなく，慶長2年（1597）に子息の勝茂と交代で日本に帰国している。

第3節　文禄慶長の役

3.1　釜山鎮の戦い

　釜山鎮を守備する釜山鎮水軍僉使鄭撥[72]（チョンバル）は，戦船3隻を率いて釜山沖合の日本艦隊を発見，鄭撥は日本軍の手に渡らないように軍船を沈め，軍民を動員して抗戦を命じた。

　釜山に上陸した小西行長や宗義智の日本軍は，書状を以て仮道入明（明へ行くために道を貸して欲しい）を要求したが，鄭撥は拒絶し，午前6時頃から

71　出征軍・総計158,800人のうちの二番隊は，計22,800人は，加藤清正10,000人，鍋島直茂12,000人（波多三河守2,000），相良長毎（頼房）800人といわれている。

72　鄭撥（1553～1592）は，李氏朝鮮の武官。

攻城戦が始まった。釜山における日本軍と朝鮮軍との最初の戦闘である。

　日本軍は火縄銃の援護で城壁に梯子を掛けて攻め込んだ。朝鮮軍は二次防衛線まで後退した。朝鮮側鄭撥は弓手を再編成し反撃したが，既に朝鮮側は三次防衛線まで後退していた。

　数時間の戦闘後，朝鮮軍は矢を使い果たし，日本軍は損害を受けた部隊を再編成して攻撃再開した。

　黒色の甲冑を纏った鄭撥は激しく抵抗したが，日本軍の攻撃に抵抗しきれず，部下より脱出を薦められた鄭撥は拒否して釜山鎮城は昼頃陥落した。釜山鎮城南門に登った鄭撥は，最後まで戦えと号令する最中に日本軍の銃弾に当たり戦死した。死後，李氏朝鮮は忠烈公の諡号を彼に賜った。

3.2　蔚山籠の闘い

　蔚山城は，慶長の役で築かれた戦線東端の拠点である。

　慶長2年末，加藤清正の指揮で独立丘陵上に築城の途中，朝鮮・明軍に包囲され，籠城戦となった。清正は西生浦城の改修工事に行っていたが急報を聞いて蔚山へ戻った。堀や土塁は未完成で準備不足もあり惣構は早々に破られ，内城の三ノ丸以降は決死の防衛で落ちなかった。

　やがて水も食料も尽き，寒さと飢えと弾薬枯渇で限界が近づいた籠城14日目，ついに毛利吉成ら救援部隊が蔚山城外に集結した。それを見た明軍は撤退を開始したが，日本軍の追撃により一万人以上の死者を出す大敗を喫した。この戦いで日本軍は蔚山城を守り抜いた。

3.3　柳川一件と戦役後混乱

　対馬藩は偽せの使を用いて国交の修復を試み，江戸時代に柳川一件として暴露された。

　戦役後，明と李朝は深刻な財政難に陥った。朝鮮側は戦果を補うために

捕虜を偽造し，無関係の囚人を日本兵と称して明に献上せざるを得なかった。

　豊臣家にも武断派と文治派に分かれた家臣団の内紛をもたらしたため，三者三様に被害を蒙った。西国大名の中には多数の奴婢を連れ帰るなどして損害を弁済した大名もあった。

第4節　李参平と白磁

　徳川幕府は文禄の役（1592）と慶長の役（1598）で各大名が朝鮮から連れ帰った陶工やその他の人たちを李朝に送り帰した。しかし，彼らの中には折角母国（李朝）に帰国できたにもかかわらず，再び日本に戻って来た人もいたようである。この中に李参平[73]や沈寿官等がいる。

《経験談》

　以下は，著者が佐賀大学に奉職していた折の個人的な経験談である。

　ある時，慶応大学の丸尾直美教授の紹介で，韓国から韓日友好協会の会長の朴某氏が博多に来られて面談をする機会があった。

　「明日，佐賀県の有田町を訪ねることになっています」と流暢な日本語で話し始められた。「佐賀大学にいらっしゃる先生は，有田焼や伊万里焼の歴史について調べられているとお聞きしたので，少々お伺いしたいことがあります」と物柔らかな言葉であった。「かねがねから疑問に感じていることがあります。それは，有田の李参平についてです。」

　「李という姓は，李朝の王の苗字ですが，当時の陶工には苗字があるは

73　李三平［?〜1655］は，江戸初期の肥前の陶工。文禄・慶長の役の際，鍋島家の家臣に従って朝鮮から渡来，帰化して金ヶ江三兵衛と称した。日本で初めて磁器の焼成に成功し，有田焼の創始者とされる。

ずがないのです。ですから，李姓の陶工が当時，いるはずがないのです。」
「なのに李参平は朝鮮の役で鍋島氏に強制連行されて，有田で磁器を焼い
たとされています。」「これは歴史的な嘘であり，昔から日本人には朝鮮に
対する差別意識があったことを示しているのではないでしょうか？」と尋
ねられた。

　私は，自分の考えを以下のように説明した。「安土桃山時代の肥前で焼
き物を焼いていた人の多くはキリシタンであったと考えられています。嬉
野の不動山や有田の高原五郎七のような歴史的な陶工がキリシタンであっ
たことは既に分かっています。」「その後の時代に，江戸幕府は基督教禁止
令（1612）[74] を出していました。」「そこで，伴天連に関係ない人たちが焼き
物を焼いているのであるということを説明するために，鍋島藩は，キリス
ト教の普及が行われていなかった李朝から来た李参平（＝鐘ヶ江三兵衛）が
有田の泉山で1615年に初めて磁器の原料を発見したのであるという歴史
を捏造したと考えられます。」と説明した。

　朴某氏は大きくうなずいて，「良くわかりました。それならば，結構で
す。佐賀藩には佐賀藩の考えがあって李参平が必要であったということで
すね。」と言われた。「朝鮮半島から強制連行された李参平の存在は，佐賀
藩を助けたのである。しかも，彼のおかげで，泉山の磁器の原料が発見さ
れたことになっているのである。」と言って納得されたようなのである。

　「明日，私は有田の教育委員会と窯元の人達のこの嘘の話について余裕
を以て聞くことができます。」と感謝された。

74　バテレン追放令（伴天連追放令）は，天正 15 年（1587）に豊臣秀吉が筑前箱崎（福岡市東区）
　において発令したキリスト教宣教と南蛮貿易に関する禁制文書である。

第5節　薪と森

　肥前の山合で，米があまり採れない地域の人達は，山の木を切って窯の薪として陶器を焼いて，平野部の農家が生産した米と交換した。しかも，陶磁器は佐賀藩にとって他藩へ販売する特産物でもあった。

　しかし，このよう製陶業者が増加すると山が枯れ果てることを心配した鍋島藩は，再三に渡って製陶業を禁止したのである。そして，伊万里大河内の一ノ瀬の製陶業者達を平戸藩領内に移動させたのである。今日の佐世保一ノ瀬焼きである。また，伊万里の大河内の小石原の窯で働く人達を福岡藩の志賀島の製塩業者と人材交換も行っている。福岡県の小石原焼の始まりである。製陶業において釉薬の生成のためには苦り（にが）が必要であったので小石原焼の技術者と志賀島の塩業関係者（満江氏）との技術者の交換も行われているのである。

第6節　波多氏と唐津焼

6.1　波多氏

　波多氏は，平安時代末期から戦国時代末期まで肥前松浦地方で活躍した上松浦党の最大の一族である。

　嵯峨源氏の流れをくむ渡辺党松浦氏の一統（松浦党）で，渡辺綱の曾孫にあたる松浦久の二男の松浦持が波多の地に移り康和4年（1102）から波多持と波多姓を名乗り，唐津の岸岳城を本拠地として発展した。

　壱岐島に進出し壱岐守護を称するなど全盛期を迎えたが，戦国時代には波多盛（さこう）の死後にお家騒動が勃発し，有馬氏や龍造寺氏や下松浦党の平戸氏（平戸松浦氏）の干渉にあい，それに従属するようになった。

　波多親（肥前松浦8万石）は有馬氏からの養子であったが，有馬氏が衰退すると龍造寺隆信へ従属した。龍造寺隆信が戦死すると九州一円に勢力を拡大しつつあった島津氏寄りとなった。

　豊臣秀吉の九州平定の際に秀吉への臣従姿勢をはっきりせず改易されかかったが，鍋島直茂のとりなしにより許された。朝鮮出兵の際に，鍋島直茂に従うよう命ぜられたが，それに反発して，出陣後に独自行動をとったため，文禄2年（1593），秀吉から知行を没収され波多氏は滅亡した。

6.2　岸岳崩れ

　陶器について茶人に「一楽，二萩，三唐津」といわれるほど愛されている唐津焼は，室町末期まで使われていた穴窯に替わって連房階段式の半地上窯が登場し，李朝の技術が伝わった施釉陶の器が唐津市の岸岳山麓で焼かれるようになった。「古唐津」である。現在も七つの古唐津窯跡が残っている。

　文禄3年（1594），領主波多氏が滅ぼされ岸岳の陶工達もこの地を追われることになった。「岸岳崩れ」と呼ばれている。

第9章　龍造寺から鍋島へ

第1節　藩祖鍋島直茂

　天正9年 (1581)，鍋島直茂は龍造寺隆信と謀り，島津氏と通謀した筑後柳川城主蒲池鎮漣を肥前へ誘い出して誅戮し，柳川城を攻めた田尻鑑種を督戦した。蒲池氏 (下蒲池) が滅んだ後に柳川城に入った。以後，主に筑後国の国政をも担当した。

　天正12年 (1584)，沖田畷の戦いで隆信が島津氏に敗れ戦死すると，鍋島直茂は自害しようとしたが家臣に止められて肥前に退き，龍造寺政家を輔弼して勢力挽回に務めた。

　島津側は，隆信の首の返還を申し出てきたが，直茂は受け取りを断固拒否し，強烈な敵意を示したが，後に島津氏と講和した。龍造寺氏側は惨敗にも関わらずよりよい条件を得ることができた。

第2節　鍋島直茂の実権掌握と桃山時代

　龍造寺氏は島津氏に恭順する形で大友方の立花宗茂が籠もる立花城包囲に加わったが，直茂は早くから豊臣秀吉に誼を通じ九州征伐を促した。

　立花宗茂は秀吉軍の九州接近を知ると直ちに島津と手切れし，精兵を送って肥後南関に囚われていた立花宗茂の母親と妹を救出して，龍造寺勢は立花勢とともに島津攻めの先陣を担って島津氏を屈服させた。

　秀吉はこれを高く評価し，龍造寺政家は豊臣秀吉から肥前国7郡30万9,902石を安堵されたが，朱印状は龍造寺高房宛となっていた。

　鍋島直茂はうち3万石余，鍋島勝茂に1万4,500石を与えられ，秀吉は龍造寺政家に代わって国政を鍋島直茂が担うよう命じた。

第3節　関ヶ原の合戦

　慶長5年（1600）の関ヶ原の戦いで，鍋島勝茂は，当初，西軍に属して積極的に参戦したが，鍋島直茂は東軍勝利を予測し，尾張方面の穀物を買い占めて米の目録を家康に献上した上で，関ヶ原の本戦開始以前に勝茂とその軍勢を戦線から離脱させた。

　鍋島直茂は，家康への恭順の意を示すために九州の西軍諸将の居城を攻撃することを求められ，小早川秀包の久留米城を攻略したが黒田如水に先行されたために立花宗茂の柳川城を降伏開城させた。

　九州での鍋島直茂のこのような戦いは家康に認められ，龍造寺家の肥前国佐賀の本領は安堵された。

　家中の戦後処理は，勝茂の直轄領は9,000石とし，龍造寺（後藤）茂綱には，勝茂を超す1万2,108石の大領を与えるなど，徳川と東軍参加の家中諸将への配慮をしている。

　大垣城を拠点として，長期攻城戦を計画した石田三成に対し，徳川家康は城攻めをせず，西軍が結集する大垣城を横切り，西軍総大将毛利輝元が居座る大坂城を直接攻撃する動きを見せた。

　この東軍の動きを阻止すべく，西軍は慌てて東軍の先回りをして，関ヶ原で食い止める作戦に出た。関ヶ原を中心に各方面へと街道があり，西軍は東軍を一歩も街道に入らせない構えを見せた。ここに戦国時代，最大の野戦関ヶ原の合戦が展開されることとなった。

第4節　鍋島氏佐賀藩の成立

　龍造寺高房は幕府に対して佐賀藩における龍造寺氏の実権の回復をはたらきかけた。しかし，幕府は直茂・勝茂父子の龍造寺氏から禅譲を認める姿勢をとり，龍造寺隆信の弟龍造寺信周や龍造寺長信らも鍋島氏への禅譲を積極的に支持した。

　鍋島勝茂は幕府公認の下で跡を継いで，龍造寺家の遺領（35万7,000石）を引き継ぎ佐賀藩主となり，父直茂の後見の下で藩政を総覧した。

《直茂の「おうらみ状」》

　慶長12年（1607）3月3日，高房は直茂を恨んで夫人（直茂の養女鍋島茂里長女）を殺し自殺を図ったが，一命を取り留めた。直茂は同年7月26日付で，龍造寺政家宛に高房の行状を非難する書状を送った。

　自分たちは殿下（秀吉）や大御所様（家康）に国政を任されたが，龍造寺家に最大限敬意を払ってきたし，待遇面でも不自由のないよう取りはからってきたのに，名字（家系）を断絶させる真似（自殺未遂）をしたのは何故か。誰に対する当てつけなのか。（高房が）帰国後，我々親子（直茂・勝茂）に質問するなら直接申し開きをするといった内容で，「おうらみ状」と呼ばれる。

　しかし龍造寺高房は佐賀に戻ることなく，9月6日に江戸で死去した。

第5節　鍋島直茂から勝茂へ

　鍋島直茂は龍造寺一門へ敬意を表しながらも，その影響力を相対的に弱めていった。

　鍋島勝茂もその施策を継承し，自分の弟忠茂（鹿島支藩），長子元茂（小城支藩），五男直澄（蓮池支藩）に支藩を立てさせて本藩統治を強固にし，龍造寺旧臣達の恨みを押さえ込んでいった。

　検地を実施して35万7,000石の石高があることを明らかにし，佐賀藩の朱印高となった。

　鍋島直茂は龍造寺氏家中への遠慮から，自らは藩主の座に就くことはなく初代藩主は鍋島勝茂となった。直茂は藩祖と称される。

　元和4年（1618）6月3日鍋島直茂病死。享年81歳。耳に腫瘍ができ，その激痛に苦しんでの半ば悶死であったため，高房の亡霊のしわざと噂され，「鍋島家化け猫騒動」のモチーフのひとつとなった。

　佐賀市高伝寺蔵成富益峯筆鍋島直茂像の石田一鼎による賛には「従五位鍋島加賀守藤原朝臣直茂法諱日峯宗智大居士父駿河守清房母龍造寺豊後守家純嫡女也」とある。

《鍋島忠茂》

　天正12年（1584）11月28日，鍋島直茂の次男として佐賀城で生まれる。兄は佐賀藩の初代藩主鍋島勝茂である。

　忠茂は，早くから父や兄と共に豊臣秀吉に仕え，文禄4年（1595）の文禄の役では父や兄と共に朝鮮に渡海して朝鮮軍と戦った。慶長2年（1597）の慶長の役にも参加している。

　慶長5年（1600）9月の関ヶ原の戦いで，兄の勝茂が西軍に与したため，戦後に徳川家康によって処罰されかけたが，父の命令で西軍の立花宗茂を攻めて鍋島家の存続に尽力した。

　慶長6年（1601）には家康への人質として江戸に赴いた。慶長7年（1602）から家康の三男秀忠の近習として仕えた。秀忠に寵愛されて「忠」の偏諱を授けられて忠茂と改名した。また，下総矢作に5,000石を与えられ，従

五位下和泉守に叙任された。

　慶長13年（1608）に中風を患ったために帰国を許され，以後は蓮池で養生した。しかし，父や兄からは幕府とのパイプ役として重んじられて，慶長14年（1609）に2万石を分知され，下総の5,000石と合わせて2万5,000石の大名となり，常広城を修築して居城とし，鹿島藩を立藩した。しかし病気のため，藩政を執ることはほとんどなかったといわれている。

　慶長19年（1614）に大坂冬の陣が始まると，忠茂は病身を押して参加したため，秀忠に激賞された。その後は矢作で療養したが，回復せずに寛永元年（1624）8月4日に矢作で死去した。享年41。跡を長男の鍋島正茂が継いだ。

第6節　鍋島茂治

　鍋島茂治は，鍋島信房の次男である。天正12年の沖田畷で久間城主原豊後守一門が討死した為，茂治が久間城主に任じられ，末子に原家を継がせた。

　鍋島茂治家の家系図『鍋島六良兵衛家系抜書』の記述によれば，沖田畷後，島原の神代貴茂が有馬島津方に誅殺されたため，茂治は神代城（鶴亀城）の城番に任じられ数年務めた。

　秀吉の九州国割の前段階で，神代領は鍋島直茂領として安堵され（『佐賀藩の総合研究』藤野保 著 p.221），江戸時代の慶長14年に鹿島藩が創設されるに及び，父信房と兄茂昌そして茂治の一族は，藤津から退去し島原半島の神代領主家となった。

第7節　鍋島猫化け騒動

　天正4年 (1576)，龍造寺隆信は藤津郡を掌握し，郡代として鍋島信房（直茂の実兄）とその一家を赴任させた。

　天正12年 (1584)，龍造寺隆信が沖田畷の戦いで戦死した。藤津郡の塩田（嬉野市塩田）の久間城主原豊後守一族も複数戦死したため，茂治が久間城主に任じられ，原家は茂治の末子が相続した。後に，鍋島又兵衛貞恒と称し蓮池藩家老となる。

　同年，島原の神代領主神代貴茂とその一門が有馬・島津方に降参せず抵抗していた為，有馬島津方によって誅殺された。この為，鍋島茂治が神代城の城番として入った。(『鍋島六良兵衛家系抜書』)

　天正15年 (1587)，豊臣秀吉の九州国割において，島原の神代領はそのまま龍造寺家に安堵されている。

　文禄慶長の役において「加藤清正を援けて奮闘した鍋島茂治は，清正と昵懇の間柄となり茂治の娘を加藤家の家臣の妻に迎える約束を交わした」。

　慶長14年 (1609)，藤津郡に鹿島藩創設されることによって，茂治・信房一門は，藤津郡を退去し，島原の神代へ移った。これが神代鍋島家の始まりである。

　同年 (または翌年) 鍋島信房が死去した。長男の茂昌 (茂正，弥平左衛門) が跡を継ぎ，神代鍋島家は鍋島藩家老家として代々続くことになった。一方，二男の茂治も神代鍋島家中にあった。

　慶長16年 (1611)，加藤清正が死去した。

　慶長18年 (1613)，鍋島茂治と織部父子と茂治の娘が自害を仰せ付けられる。娘は佐賀城下の寺で自害させられた。茂治織部父子は，家臣18名と共に屋敷で自害した。彼らの潔い最期 (生きざま) は『葉隠聞書 六』に

残った。

《鍋島猫化け騒動》

　「鍋島猫化け騒動」は，一般には，佐賀城内で龍造寺又七郎（又一郎）と囲碁を打っていた第2代藩主鍋島光茂（勝茂の長男）が「待った！」「待たない！」で口論となった挙げ句，又七郎を斬り殺してしまう。又七郎は鍋島直茂（勝茂の父）に家を乗っ取られた龍造寺家の子孫だった。又七郎の老母は鍋島家に恨みを抱きつつ自害して果てていた。その際，「私に代わって，鍋島家に祟って欲しい！」と言い残した老母の血を嘗めた飼い猫が化け猫となり，光茂を大いに苦しめたものの，忠臣の活躍でどうにか化け猫は退治された。というストーリーで知られている。

　しかし，「鍋島猫化け騒動」には，別のストーリーがある。

　『鍋島六良兵衛家系抜書』では，「文禄慶長役の時に昵懇の間柄となった加藤清正と鍋島茂治は，茂治の長女を加藤家の家臣の妻へ迎える約束をしていたが，佐賀藩法で他国者との婚姻禁止となり，茂治は断らざるを得なかった。その後，茂治が神代番中，肥後から来た山伏の様なる者が下女や若党に金銀を与えて買収工作し，娘が肥後に連れ去られた。」という話である。つまり加藤家が過去の約束通り，嫁取りを強行したという話。（連れ去られた当時に，清正が出てきて云々とは書いていない。）この「連れ去られた事により，鍋島茂治と織部父子と茂治の娘が自害を仰せ付けられた」という悲劇が起こった。

　このような鍋島家内でのいろいろな事件が原因となって，佐賀市中で話題となった物語が「鍋島猫化け騒動」なのである。

第10章　葉隠れと佐賀藩

『葉隠』は，江戸時代中期（1716年頃）に書かれた書物である。肥前国佐賀鍋島藩士山本常朝が武士としての心得を口述し，それを同藩士田代陣基が筆録してまとめたものである[75]。全11巻。葉可久礼とも書く。『葉隠聞書』ともいう。

本来，「葉隠」とは，葉蔭であり葉の蔭となって見えなくなることを意味する言葉であるということから，蔭の奉公を大義とするという説がある。また，西行法師[76]の山家集の葉隠の和歌に由来するとするものもある[77]。葉とは「言の葉」であり，言葉を意味するとも言われている。

『葉隠』は，一般の武士を対象にした武士道論ではなく，藩主に仕える者の心構えと佐賀藩の歴史や習慣に関する知識を集めたものであった。江戸時代には公開が憚られ，一部の人々にしか知られていなかったのである。

鍋島藩祖鍋島直茂を武士の理想像としているとされている。また，「隆信様，日峯（直茂）様」など，随所に龍造寺氏と鍋島氏を併記しており，鍋島氏が龍造寺氏の正統な後継者であることを強調している。とも考えら

75　2人の初対面は宝永7年（1710），常朝52歳，陣基33歳のことという。

76　西行法師の俗名は，佐藤義清である。鳥羽院の北面の武士を務め，和歌に長じていたが保延6年（1140），23歳の若さで出家した。松尾芭蕉が憧れた歌の先人である。
　　「松浦潟　これより西に　山もなし　月の入野や　かぎりなるらん」という歌が，肥前町入野山添地区の道沿いに歌碑として建立されている。
　　佐賀の龍造寺氏の出自は，西行の叔父（一説には祖父）の藤原季清と子の季喜（慶）が関係しているとの説もある。

77　一説には，山本常長の庵前に「はがくし」と言う柿の木があったからとする説もある。

れている。

《覚えれば火に投じて燃やすべし》

「葉隠」は巻頭に，この全11巻は火中にすべしと述べていることもあり，江戸期にあっては長く密伝の扱いであり，覚えれば火に投じて燃やしてしまう気概と覚悟が肝要とされていたといわれる。そのため原本はすでになく，現在はその写本（孝白本，小山本，中野本，五常本など）により読むことが可能になったものである[78]。

第1節 死ぬ事と見付けたり

葉隠れの有名な言葉に，次の文言がある。

「武士道と云ふは 死ぬ事と見付けたり」

これは，次の言葉とセットで考えるとわかりやすい。

「朝毎に懈怠なく死して置くべし（聞書第11）」とあり，常に己の生死にかかわらず，正しい決断をせよと説いているのである。

すなわち，毎朝起きたときに「自分は死んでいるのだ」と考えて一日を生活しなさいという意味である。そして，寝るときに「今日も死ぬことができなかった」と考えて「明日こそは死ぬのだ」という心構えが大事であるという意味である。

巷では，「唯々，ある目的のために，死を厭わないとすること」を『葉隠』と理解される風潮があることは誤解である。大東亜戦争における特攻や玉砕の理解に『葉隠』は，本来，無関係なのである。

---

78 これは，山本常朝が6，7年の年月を経て座談したものを，田代陣基が綴って完成したものといわれ，あくまでも口伝による秘伝であったため，覚えたら火中にくべて燃やすよう記されていたことによる。

第2節　赤穂事件・忠臣蔵と葉隠れ

　赤穂事件の浅野内匠頭が松の廊下において吉良上野介に切り付けて切腹させられたのは，元禄14年（1701）で，山本常朝が第2代藩主鍋島光茂[79]死後出家して間もなくである。

　『葉隠』は，忠とは，行動の中に忠義が含まれているべきであり，行動しているときには「死ぐるい（無我夢中）」であるべきだと説いている。

　赤穂事件について，主君浅野長矩の切腹後，すぐに仇討ちしなかったことが問題であるとしている。吉良義央が病死して，仇を討つ機会が無くなる恐れがあるからである。

　次に，浪士達が吉良義央を討ったあと，すぐに切腹しなかったことを落ち度と批判している。「上方衆は知恵はあるため，人から褒められるやり方は上手だけれど，長崎喧嘩のように無分別に相手に突っかかることはできないのである」と評している。

　このような考え方は，当時の主流の武士道とは大きく離れたものであったので，藩内でも禁書の扱いをうけた。鍋島綱茂[80]は吉良義央の甥であり，四代藩主吉茂，五代藩主宗茂は義甥にあたっていたのも関係しているのかもしれない。

　佐賀藩の朱子学者古賀穀堂は，佐賀藩士の学問の不熱心ぶりを「葉隠一巻にて今日のこと随分事たるよう」と批判している。また，佐賀藩出身の大隈重信も『葉隠』は古い世を代表する考え方だと批判している。

79　光茂の生母は，徳川家康の曾孫であり，光茂は家康の玄孫にあたる。

80　綱茂は，鍋島二代目藩主，母は上杉定勝の娘虎姫である。

第3節　葉隠と李登輝総統

　故李登輝総統とは，毎年，1回程度，台北市内や桃園の別荘，淡水の研究所などで，面談の機会を得ていた。

　故台湾総統李登輝氏は，「22歳まで，自分は日本人だった」と言われる。彼が生まれ育った台湾は，当時日本の植民地であった。彼は日本人として教育を受け，京都帝国大学に学び，日本陸軍の少尉として入隊した経歴を持っている。

　新渡戸稲造の『武士道』[81]を愛読していた李登輝氏は，戦後，武士道の「公に奉ずる精神」を持って，台湾の発展に尽くし，台湾の歴史的な民主化を実現させた。李登輝氏は，自分が日本から学んだ「日本精神」は，人類にとって普遍的な価値のあるものと説明している。

　李登輝氏と対談した折に，「新渡戸稲造の『武士道』よりも，『葉隠』の方が大事だと思います」とお話をした。李登輝氏は，「葉隠のことは，十分に読んで，わかっているよ！僕が言っている武士道とは，葉隠のことを考えた上での武士道なのだ！」と語気を荒げて説明された。

　私は，李登輝氏の強い言葉に，感激してしまったことを懐かしく思い出す。

第4節　ドミニコ教会と葉隠

　龍造寺氏の時代の佐賀藩内では，キリスト教の布教が行われていた。特に，鹿島などにおいては，ドミニコ会の影響は強く1621年まで鹿島の浜

81　新渡戸稲造（著），矢内原忠雄（翻訳），『武士道』，（岩波文庫青118 - 1）

にはドミニコ教会があったことは知られている。

　鍋島氏は生糸利権を握るドミニコ会と協調したことによって，それ以後の有田焼の開発や領民への「仁政」等が顕著となったと考えられている。

　鍋島氏が，龍造寺氏の重臣から佐賀藩主へと上り詰める道程で示した生き様の中に一種の真摯さを認める一方で，殉教への認識態度も感じられることに，ドミニコ会のイメージが感じ取られるのである。

　神への信仰と主君への奉公の同質性を理解したうえで，「葉隠」に象徴される佐賀藩武士道の思想と関連させることによって，葉隠武士道が理解されるのではないだろうか[82]。

《グレゴリオ聖歌「クレド」と筝曲「六段」》

　八橋検校（1614－1685）は，筑紫善導寺の僧法水に師事して筑紫流筝曲を学んだ人である。この筑紫流筝曲を基に現在の日本の筝の基礎を作り上げた人である。

　彼の作品の中に筝組歌に準ずる曲として重要な「六段の調」がある。この「六段」が，グレゴリオ聖歌「クレド」と本曲と音調が似ているため，「クレド」を元に作曲されたのではないか，という説がある[83]。

第5節　成富兵庫成安

　成富茂安（なりとみしげやす）は，戦国時代に龍造寺氏の家臣となり，次いで鍋島氏の家臣となる。佐賀の用水事業を手掛け「治水の神様」と呼ばれた人である。

82　伊藤和雅（著）『切支丹信仰と佐賀藩武士道：筝曲「六段」の歴史的展開』，（清文堂，2019年2月12日）

83　筝曲「六段」とグレゴリオ聖歌「クレド」，「日本伝統音楽とキリシタン音楽との出会い」，（日本伝統文化振興財団のＣＤ）

　天正12年（1584）の沖田畷の戦いで隆信が戦死すると，その跡継ぎである龍造寺政家に仕える事となる。やがて信安から「賢種」に改名するが，これは政家が「鎮賢」と名乗っていた頃に「賢」の字を与えられて名乗ったものである。

　天正14年（1586），政家の名代として安芸国において小早川隆景に，大坂城において豊臣秀吉に謁見する。

　天正15年（1587），太閤秀吉の九州平定の際に龍造寺軍に属して出陣する。その戦いぶりから秀吉を始めとする諸将から一目置かれるようになる。同年，天草の戦いに出陣し，加藤清正，小西行長を援護した功により，清正から甲冑を賜る。その後は，豊臣氏との外交を担うなど，次第に家中で重きを成すようになる。

　文禄元年（1592）の文禄の役，慶長2年（1597）の慶長の役では，龍造寺軍の先鋒を務める。この頃から龍造寺氏筆頭家老の鍋島直茂に仕えるようになる。諱（名前）は，初名の信安から賢種を経て，茂種，そして鍋島直茂から「茂」の字を与えられて茂安と名乗る[84]。

　慶長5年（1600），関ヶ原の戦いの際には，伏見城の戦い，安濃津城の戦いに出陣する。その後，鍋島直茂・勝茂親子が西軍から東軍に寝返ったのに従い，筑後国柳川城，久留米城を攻め落とす。この時，直茂に命じられて柳川城主である立花宗茂に降伏を勧めるために折衝役を務めた。関ヶ原の戦いの後，知行高を4,000石に加増される。

《領内全域の治水事業》

　慶長8年（1603），江戸幕府が開かれると，江戸の町の修復や水路の整備

84　佐賀市兵庫町（旧佐賀郡兵庫村）は，彼が成富兵庫茂安と呼ばれた事に因んでいる。三養基郡には茂安の名に因んだ北茂安村・南茂安村（現在の三養基郡みやき町の一部）が存在していた。

を行う。またこの頃，山城国二条城，駿河国駿府城，尾張国名古屋城，肥後国熊本城等の築城にも参加，この経験を肥前国佐賀城の修復に生かした。

慶長19年（1614）から，大坂の陣に出陣した。

慶長15年（1610）から没するまで，水害の防止，新田開発，筑後川の堤防工事，灌漑事業，上水道の建設など，本格的な内政事業を行っている。

茂安の手がけた事績は，細かい物も入れると100ヶ所を超えるともいわれ，300年以上たった現在でも稼働しているものもある。民衆や百姓の要望に耳を貸す姿勢は，肥前国佐賀藩の武士道の教書でもある『葉隠』に紹介されており，影響を与えた。

元和4年（1618），主君勝茂の八男翁介（直弘）を養子にする。寛永10年（1633），知行1,000石を直弘に割いて一家を立てさせる。

寛永11年（1634），数え年75歳で死去。家臣7人が殉死したという。

第11章　九谷焼と青磁

　加賀百万石の大聖寺支藩の初代藩主前田利治は，領内の九谷村（石川県加賀市）で，鉱山開発中に陶石が発見されたのを契機として，磁器生産を企画した。九谷鉱山の開発に従事して，錬金の役を務めていた後藤才次郎を藩命で肥前有田に陶業技術修得に遣わした。肥前有田には前田家の本家があった。

　後藤才次郎は長崎[85]で出会った明からの亡命陶工数名[86]を伴って帰藩し，古九谷窯を開いたといわれる。帰藩後，九谷の地で登窯を築き，田村権左右衛門を指導して，明暦元年（1655）頃に青磁生産を始めた。色絵磁器といわれているが，2号窯で焼かれたのは土物の青磁（南宋官窯系）であった。これが九谷焼生産の始まりである。しかし，約50年後（18世紀初頭頃）突然廃窯となる。

第1節　高山右近と九谷

　高山右近は，羽柴秀吉からも信任が厚く，天正13年（1585）に播磨国明石郡に新たに領地を6万石与えられ，船上城を居城とした。しかし，豊臣秀吉のバテレン追放令により，高山右近は信仰を守ることと引き換えに領地と財産をすべて捨てることを選び，その後しばらくは小西行長に庇護されて小豆島や肥後国などに隠れ住んだ。

85　長崎出島貿易は1641〜1859年である。
86　この人たちは明からではなく嬉野不動山から追放された伴天連陶工であった可能性がある。

　天正16年（1588）に加賀金沢城主の前田利家に招かれて同地に赴き，そこで1万5,000石の扶持を受けて暮らした。天正18年（1590）の小田原征伐には前田軍に属して従軍している。

　慶長19年（1614），徳川家康によるキリシタン国外追放令を受けて，高山右近は加賀を退去した。長崎から家族と共にフィリピンに向かって出向し，マニラに12月に到着した。

　高山右近はマニラでスペイン人のフィリピン総督ファン・デ・シルバらから大歓迎を受けて，スペインの日本侵攻作戦の大将になることを依頼された。城を放棄してキリシタンに徹していた高山右近はこれを断ったのである[87]。老齢の高山右近は程なく熱病に掛かり，翌年1615年1月8日にマニラで没した。享年64歳であった[88]。

　葬儀は総督の指示によって聖アンナ教会で行われた。右近の死後，右近の家族は日本への帰国を許された。高山右近の洗礼名は「ジュスト」である。

第2節　古九谷の色絵技法

　この事業は二代藩主前田利明が引き継ぎ，焼成された作品は「古九谷」と呼ばれており，後の幕末の時代に瀬戸からの援助を受けた「再興九谷」とは一線を画している。

　古九谷の色絵技法は，力強い呉須の線描の上に，絵の具を厚く塗り上げる方法である。見込み（表面の模様）に青色を多く使った磁器が特徴である。色調は紫・緑・黄を主調とし，補色として紺青・赤を使用する。作品は花

87　高山右近は信仰の自由を求めて亡命したマニラにおいて母国への侵略を行うことをスペイン総督に求められたのである。

88　スペインの総督による暗殺であったのであろう。

鳥，山水，風物を題材に豪放な味わいを醸し出している。なかでも赤の釉薬を使わず器の表裏を埋めつくす「塗埋手（ぬりうめで）」の手法で描かれた「青手古九谷」は強烈な印象を与える[89]。

《古九谷対古有田論争》

　青や緑を多用した華麗色使いの「青手九谷」と大胆で斬新な図柄が特色の「古九谷」と呼ばれる初期色絵作品群の産地について今なお論争がある。

　古九谷は，「九谷ではなく佐賀県の有田で焼かれたものである」という説が有田側から主張された。有田の窯跡から古九谷と図柄の一致する染付や色絵の陶片が出土していること。そして，石川県山中町の九谷古窯の出土陶片はいわゆる古九谷とは作調の違うものであったからである。

　このような議論から，「古九谷は有田の初期色絵作品である」との説が有力となったのである。いわゆる「古九谷・古有田論争」である[90]。

　しかし，1998年，九谷古窯に近い九谷Ａ遺跡から，古九谷風の色絵陶片が発掘されたことから，「複数の産地で同一様式の磁器がつくられていた」可能性を探るべきだとの意見もあり，産地問題はいまだに決着を見ていないのである。

　「古九谷」の産地問題については，石川県の山中町にある古九谷の窯跡を調査すればわかるはずなのである。

　伊万里市大河内の鍋島藩窯跡を守っていらっしゃる金武昌人家を尋ねて来られた加賀市の教育委員会の方からの依頼で加賀市の山中温泉の奥にあ

89　しかし，この古九谷を見ると「青磁」を焼きたいけれども焼けなかった侘しさが感じ取れるのは私だけであろうか。

90　この論争の際に，著者は加賀市教育委員会から非公式に依頼を受けて山中温泉の九谷窯の調査を実施したことがある。

118

る古九谷窯の調査に行くことになった。

《古九谷の窯跡　一号窯》

　山中町山中の一号窯は，全長34ｍを超える大規模な連房式登窯であり，幅2.6ｍの焼成室が12室あり，20度の傾斜をもって南斜面に連なっている。焼成室が12室あるということは，下の窯から火を入れて火を上の焼成室に移しながら次第に高い温度の焼成室を用意して，窯の温度が最も高くなる6番目の焼成室か7番目の焼成室で青磁を焼くのである。上の残りの焼成室は大事な6番目と7番目の焼成室の温度が急に下がらないように長い煙突の役割を果たすのである。

　1～5番目と8～12番目は青磁よりも低い温度で焼成することができる白磁や陶器，あるいは，青磁の器の素焼きを行う窯である。これ以外の窯室は民間に貸し出して陶磁器を生産させたのである[91]。

　この一号窯は真南方向を正しく向いている。しかも，山の頂付近には竹林があるのである。青磁製品を焼くためには，北風を効率的に利用するために登り窯は真北から真南に登るように造るのが適切なのである。しかも，最終的な仕上げの為に窯の温度を1,350℃まで上げるためには追加的な燃料として竹が必要なのである[92]。竹は生竹でなければならない。

　この窯の下側が物原であり，上部の平坦地から，直径50cm超の白磁大鉢や草花，山水図を描いた皿，碗類，上絵付のある破片など大量の優品が出土している。特に「明暦弐歳（1656）九谷八月六日」の記銘が出土している。窯創始の年代を知る重要な資料である。窯の終末年代は1670年前

91　陶磁器の裏に窯元の屋号や作者のサインがあるのはこのように借りた窯で焼くために誰の焼き物かを区別する為に書かれていたものである。
92　山中町の教育委員会の倉庫には，当時の九谷窯から発掘された伊万里鍋島藩窯の砧青磁と同等の青磁製品が大量に保管されていた。

後30年である。この窯はなぜか突然に焼成を止めたのである。

　この時期は松尾芭蕉が金沢や山中温泉を訪れた頃である。山中温泉の九谷焼の窯元の突然の閉鎖と松尾芭蕉の山中温泉長逗留とは無関係ではないことが想像されるのである。

　この窯が青磁生成に成功したことは山中町の教育委員会に残る一号窯の物原から出土した南宋官窯系のあるいは鍋島青磁系の遺品の数々が証明しているのである。

　古九谷の時代，加賀百万石の支藩である大聖寺藩は，鍋島青磁とほぼ同様の青磁の陶磁器生産に成功したものの，何かの理由で生産を中止することになったことが説明されるのである。

《二号窯》

　二号窯は，一号窯よりも古く，いわゆる九谷焼きを焼成した窯である。全長13ｍの小規模な連房式登窯で，幅1.6ｍの6つの焼成室からなり，約20度の傾斜で連なっている。出土品は鉢，皿，碗類のほか，京焼風の茶碗が多数出土している。終末期には茶陶窯である。窯の終末年代は1710年前後40年となっている。青磁生産を目的としたが，6つの焼成室では登り窯としては少なく，登り窯の登る方角も悪いことから青磁製品は完成できなかった窯であることがこの二号窯の形と方向から説明できる。

　ここで焼成された磁器を古有田であると佐賀県側は説明しているのである。

《吉田窯》

　吉田窯は，古九谷焼再興のために，大聖寺の豪商豊田伝右ェ門によって，文政7年 (1824) から2年間だけ操業された窯である。窯はレンガ作りの豪壮な連房式登窯で，推定全長26ｍあり，幅4.8ｍの4つの焼成室

120

である。出土品は鉢，皿，碗類で，文様のあるものは少ない。

　佐賀県の嬉野温泉の東隣に吉田皿山がある「古有田」といわれている焼き物が多く発見された周辺である。

第3節　松尾芭蕉「奥の細道・山中温泉」

　松尾芭蕉（寛永21年（1644）−元禄7年（1694））と曾良が加賀の城下町に入ったのは，この古九谷1号窯の全盛期である，元禄2年（1689）7月15日（旧暦）の午後である。金沢に7月15日〜24日，金沢城下北の玄関口浅野川のほとりで宿（京屋吉兵衛方）に泊まり，その後，俳人宮竹屋竹雀の招きを受け宮竹屋を金沢における宿とした。城下の名士達が幾度も句会を設けている。

　金沢の門下生俳人小杉一笑は，前年に36歳の若さで亡くなったと聞かされて7月22日，願念寺（野町一丁目）における，一笑追善供養の際に芭蕉が一笑を悼んで詠んだ句がある。

　　　塚も動け　我が泣く声は　秋の風

　金沢に10日間滞在した芭蕉は，金沢の俳人たちに招かれ，句会を開いたり，野田山や宮腰（金石）へ散策をしたりしている。

《山中温泉の芭蕉》

　加賀の山中温泉には，松尾芭蕉を祀る御堂がある。元禄二年（1689）の7月27日（新暦9月10日）から8月5日まで，松尾芭蕉は「奥の細道」の旅の途中，山中温泉の出湯，泉屋に泊った。9日間の温泉逗留中，芭蕉は薬師堂を詣で温泉につかり，風光明媚な景色を楽しみ山中を扶桑三の名湯と讃えた。

　　　「山中や　菊は手折らじ　湯の匂ひ」

「山中の湯に浴せば，中国の菊茲童が集めた不老長寿の菊の露を飲むまでもなく長寿を得る」という意味であるらしい。

南宋官窯の毒を消すといわれた鐕青磁の生産が山中温泉の山中の古九谷第1号古窯で焼かれていた青磁の製造が中止されたのはこの時期なのである[93]。

　　　「今日よりや　書付消さん　笠の露」

　　　「行行 (ゆきゆき) て　たふれ伏 (たおれふす) とも　萩の原」　　曾良

この2つの句を何やら意味ありげに読めるのは私だけであろうか。

小松　那谷寺8月5日，小松へ戻る道中参詣，奇岩遊仙境を臨み。

　　　石山の　石より白し　秋の風

大聖寺熊谷山全昌寺8月7日，前夜曾良も泊まる。

　　　和泉屋の菩提寺，一宿の礼，庭掃き。

　　　庭掃て　出ばや寺に　散柳

　　　終宵　秋風聞や　うらの山　曾良

山中温泉の山奥の九谷焼の登り窯 (一号窯) が終焉を迎えざるを得なくなった時期に一致する句なのである。

8泊後，金沢に着いた時から体調がすぐれなかった (腹痛) 曾良を，何故か先に帰すために，芭蕉と曾良の二人は山中温泉で別れることになった。芭蕉は，加賀国を出て越前へと向かい，腹痛の曾良は伊勢長島の伯父をたよって，ひと足先に行くことになった[94]。

　　「行くものの悲しみ，残る者のうらみ，隻鳧のわかれて雲にまようがごとし」

93　この青磁の焼成は鍋島藩以外では禁制であった。
94　腹痛の曽良が先に長旅に出るのは不自然である。

第4節　伊万里大庄屋前田家と加賀百万石

　加賀百万石前田家は前田利家（犬千代）が初代である。佐賀県の「北方町史」によると前田家は，戦国時代に美濃から肥前に移り，佐賀県の北方町の城を龍造寺家から預かっていた[95]。前田利家の兄あるいは，従兄弟に前田虎千代がおり，北方前田家の党首であった。

　前田利家（犬千代）は美濃に戻り織田信長の家臣となって出世し，豊臣秀吉・徳川家康の時代を生き抜き，加賀百万石の大名となったのである[96]。

　兄（あるいは従弟）の前田虎千代は，龍造寺が滅びて鍋島の時代になると鍋島の家来となり，太閤秀吉の朝鮮征伐の折に肥前名護屋城に居た弟（あるいは従弟）の利家と会談した。主君鍋島の外征中に他の大名と密会したことを責められた前田虎千代は切腹となり，佐賀の前田家はお取り潰しとなって，前田家本家は伊万里大庄屋となったのである[97]。

　このとき有田の一部は大庄屋前田家の領地であったことから，「古有田」と呼ばれる焼き物は前田家の窯の作品だった可能性が高いのである。加賀百万石の大聖寺支藩が九谷焼の技術を有田から大聖寺に移したことは肥前前田家と加賀前田家との親戚関係から当然の歴史的流れなのである。

95　佐賀県多久市と北方町の間に杉岳山大聖寺がある。門徒の多くは加賀の人である。

96　鍋島藩主は「加賀守」であり，前田藩主は「肥前守」であることは偶然ではないと考えられる。

97　17世紀前半頃，肥前佐留志の豪族であった前田家は伊万里の大庄屋に命ぜられた。寛政10年（1987），佐賀藩は財政悪化による行政改革の一つとして大庄屋を撤廃するが，久留米藩・対馬藩に接する三根・養父郡に限って，藩境の事務が各藩の大庄屋によって行われていたのでこれを残した。唐津藩と接する伊万里郷においても同様であったとみられており，前田家はその後も大庄屋をつとめた。

第12章　肥前七浦と北前船

第1節　鹿島七浦 (佐賀本藩領)

　鹿島七浦は佐賀本藩領である。七浦は鹿島市に属し，有明海に面した9つの浦からなる地域の名である。西葉浦村，母浦村，西塩屋浦村，東塩屋浦村，小宮道浦村，大宮田尾浦村，音成浦村，嘉瀬浦村，龍宿浦村である。

　あるとき，著者の処に佐賀の知り合いから電話が入った，「七浦のことを知りたい」という電話であった。「七浦は佐賀本藩領ですが，この地域は貧しいので鍋島の殿様が憐れんで本藩領にさせて頂いたのでしょうか？」という質問であった。答えは直ぐにはわからなかった。七浦とは「ガタリンピックの会場を提供している集落である」という知識しかなかったからである。

　しかし，小城支藩の例を挙げて説明した。「小城市内には，晴気と寒気があります。晴気は日当たりが良いので，稲が沢山採れるから佐賀本藩領です。寒気は日当たりが悪いから稲が育ちにくい。だから小城支藩領です。佐賀本藩は利益がない処は本藩領にはしないはずです。だから，七浦は何か利益になるものがあったのでしょう」と答えた。

　質問の主は「七浦は山と海だけで何もない寒村ですよ」と嘆きながら言われた。「一度，来て見てくださいませんか」という依頼で七浦を訪ねることになった。

第2節　浮流の起源

　七浦は面浮立で有名な村である。面浮立は佐賀県を代表する伝承芸能である。この面浮立は鹿島市七浦地区に最も多く伝承されている。特に母ヶ浦面浮立と音成面浮立は，佐賀県の重要無形民俗文化財の指定を受けている。

　『音成面浮立』の流れと，『母ヶ浦面浮立』の流れの2つの流れに大きく分けられるらしい。

　「音成面浮立」は，衣装が濃紺一色で帯と太鼓の紐が黄色で，所作が直線的な動きが多い。これに対して，「母ヶ浦面浮立」は衣装が波と碇の華やかな模様の衣装を着け，所作が複雑で洗練されたものである。

　浮立の始まりは，豊後大友宗麟の軍に攻め込まれて劣勢にあった龍造寺軍の鍋島勢が赤熊の毛と鬼面を被り鉦や太鼓の音で，異様な姿の夜襲をかけたために敵の馬が驚き敗走し，龍造寺軍は大勝利をおさめた。戦勝祝いの席でそのままの姿で舞い踊ったのがはじまりといわれている。

《伝承芸能と倭寇》

　佐賀県内の鹿島市には，「面浮立」，「鉦浮立」，「一声浮立」，「獅子舞」，「獅子浮立」，「綾竹踊り」などが集落単位で伝承されている。七浦地区には，12集落のうち，11集落に伝承芸能の保存会がある。

　この七浦の「面浮立」は，実は，諫早から伝搬したものであることが知られている。諫早は，大村湾と有明海との交易・流通の拠点であり，東シナ海交易の拠点でもあった。この東シナ海交易は倭寇との関係が深いのである。龍造寺隆信が鹿島に進出する以前は鹿島から七浦一帯は有馬領であ

った[98]。

　倭寇は本来が武装貿易商人であり，交易において，相手に騙されたとかビジネスがうまくいかなかったときに貿易商人が武装化して相手に仕返しをしたのである。これが倭寇の始まりであると説明されている。

　大陸では海岸部を荒らした海賊を倭人の賊と考えて「倭寇」と言われていた。しかし，倭寇とは何人（なにじん）であるかを考えると，日本人とか中国人，朝鮮人という区別は，当時，なかったようである。倭人の真似をしたら海岸線で生活をしていた人たちは逃げるのである。朝鮮半島とか大陸において，海岸線に住んでいる住民が倭人の姿を真似て同族を襲った歴史が多々あるのである。このことは「偽倭寇」と呼ばれている。

　戦国時代の倭寇とは，西日本を中心とした地域を根拠にして，東アジアの海域で活動した海賊および私貿易集団であった。その首領は王直であり，顔思斉であり，鄭芝龍であった。彼らは中国大陸の明代の貿易商人（海商）であり，平戸を拠点とした後期倭寇の頭目であった。

　島原の有馬氏も平戸の松浦氏と同様に，中国人倭寇のスポンサーであったと考えられている。すなわち，七浦の人達は，諫早の人達とともに，東シナ海交易に携わっていたと考えられるのである。

《後期倭寇》

　日本では1523年に勘合を巡って細川氏と大内氏がそれぞれ派遣した朝貢使節が浙江省寧波で争う寧波の乱（寧波争貢事件）が起り勘合貿易が途絶した。

　これ以後，倭寇を通じた密貿易が盛んになり，応仁の乱の為，再び倭寇の活動が活発化することになった。

98　このことは，七浦の面浮立と鍋島の赤熊は無関係であるということを説明しているのである。

　後期倭寇の中心は，私貿易を行う中国人であったとされ，『明史』日本伝にも真倭（本当の日本人）は10のうち3であると記述されている。少ないながらもこれら日本人は，当時日本が戦国時代であったことから実戦経験豊富なものが多く，戦争の先頭に立ったり，指揮を執ったりすることで倭寇の武力向上に資していた。

《海禁政策と偽倭》

　この時期も引き続いて明王朝は海禁政策により私貿易を制限しており，これに反対する中国（朝鮮も）の商人たちは日本人の格好を真似て（偽倭），浙江省の双嶼や福建省南部の月港を拠点とした。

　後期倭寇は沿岸部の有力郷紳と結託し，後期にはポルトガルやイスパニア（スペイン）などのヨーロッパ人や，日本の博多商人とも密貿易を行っていた（大曲藤内『大曲記』）。

　後期倭寇の頭目には，中国人の王直や徐海，李光頭，許棟などがおり，王直は日本の五島列島などを拠点に種子島への鉄砲伝来にも関係している。鉄砲伝来後，日本では鉄砲が普及し，貿易記録の研究から，当時，世界一の銃の保有量を誇るにいたったとも推計されている。

　1547年，明の将軍朱紈が派遣されるが鎮圧に失敗し，1553年からは嘉靖大倭寇と呼ばれる倭寇の大規模な活動がはじまる。

　明朝内部の官僚の中からも海禁の緩和による事態の打開を主張する論が強まる。その一人，胡宗憲が王直を懐柔するものの，中央の命により王直は処刑された。指導者を失ったことから倭寇の勢力は弱まり，続いて戚継光が倭寇討伐に成功した。

　以後，明王朝はこの海禁を緩和する宥和策に転じ，東南アジアの諸国やポルトガル等の貿易を認めるようになる。ただし，日本に対してのみ倭寇への不信感から貿易を認めない態度を継続した。

倭寇は1588年に豊臣秀吉が倭寇取締令を発令するまで抬頭し続けた。

《鉄砲伝来》

『鉄炮記』によれば，天文12年（1543）8月25日，大隅国の種子島，西村の小浦（前之浜）に一艘の船が漂着した。西村時貫（織部丞）はこの船に乗っていた明の儒者五峯と筆談してある程度の事情がわかったので，この船を島主種子島時堯の居城がある赤尾木まで曳航するように取り計らった。

　このころ平戸や五島列島を拠点に活動していた倭寇の頭領王直の号は五峰という。山冠の「峯」は山偏の「峰」の異体字であり（山部），『鉄炮記』で筆談相手となった明の儒者「五峯」とは王直であると考えられる。

《秀吉の海賊禁止令》

　秀吉の兵農分離政策により，被支配身分の者は武装を禁じられた。刀狩令と同時に発せられた海賊禁止令（海上賊船禁止令）は，船頭・加子（水主）から今後いっさいの海賊行為をしない旨の誓紙を徴収するものである。各地の沿岸島嶼など海上交通の要衝を根拠地として活動した海賊衆は，諸大名の被官となり，水軍に組織された。一般漁民は武装解除されたうえ百姓身分となり，各地の沿岸で小規模漁業を営む専業者に確定づけられた。

第2節　七浦の中村家の嫁の出身地

　先程の電話の依頼で七浦を訪れたのは，2015年の秋である。普段は大阪に住んでいらっしゃる中村家の本家を訪ねた。用意された資料の中に代々，中村家に嫁がれた奥様方の資料があった。

　「元祖　與右ェ門　千葉氏被官（小城千葉氏）」とある。小城千葉氏の家来であったことがわかる。

「横邊田郷佐留志村産百武伊ェ衛門弟之七浦郷龍宿中村權右ェ門ニ1673年頃養子となるが權右ェ門ニ男子出征之後無故而不和となり離縁ス同村ニ住宅ヲ構える。」とある。

「妻　豊前藩家来深見氏の娘（享保9年死去，1725年）」とある。当時の豊前藩は，小笠原家から奥平家に代わる頃である。この頃に中村家に嫁いでいる。

ここで何故，豊前藩の家来の娘が，寒村といわれる七浦中村家に嫁いでいるのであろうかという疑問がわいた。

次に，「二代　中村與右ェ門　寛政元年1748年死去　妻　豊前の殿家来堤氏の娘（享保7年死去，1723年）　三女　丹波守殿家来七浦東塩屋住岡新左ェ門ニ嫁す。　四女　丹波守殿家来濱八本木町住吉卯八ニ嫁す。」とある。

丹波亀山藩と篠山藩は，京都や大坂に近いため幕府の重責を担った譜代大名による移入封が多く，徳川幕府が重要視する藩である。

丹波守（下野壬生藩）は，江戸時代下野壬生藩鳥居家（第二代鳥居忠瞭1704～第七代鳥居忠宝1885まで）である。

中村家には，これ以後，歴代，豊前藩から嫁した妻たちが居るのである。

「四代　中村與右ェ門　妻　豊前藩家来古賀氏の娘（安永2年死去，1773年）」

「五代　中村與右ェ門　妻　豊前藩家来高柳氏の娘（寛政9年死去，1797年）」

「七代　中村與右ェ門　妻　豊前藩家来古賀市右衛門の娘」

「八代　良蕃（中村猿之丞）　妻　豊前藩家来松本氏の娘」

《豊前藩》

　豊前藩の藩主と家来とは，時代によって以下のように入れ替わっている。

1. 1587年－1600年は，黒田家（外様）12万3千石，藩主は，黒田孝高，黒田長政である。

2. 1600年－1632年は，細川家（外様）39万9千石，藩主は，細川忠興，細川忠利〈小倉藩〉である。

3. 1632年－1716年は，小笠原家（譜代）8万石から後，4万石，藩主は，小笠原長次，小笠原長勝，小笠原長胤，小笠原長円4万石に減知，小笠原長邕である。

4. 1717年－1871年は，奥平家（譜代）10万石，藩主は，奥平昌成，奥平昌敦，奥平昌鹿，奥平昌男，奥平昌高，奥平昌暢，奥平昌猷，奥平昌服，奥平昌邁である。

　七浦の中村家は豊前藩が小笠原藩となった頃からの交流であったようである。

《幕末の豊前藩の領地》

　豊前藩の領地は，豊前国（福岡県）と備後国（広島県）に分かれている。

　豊前国は，宇佐郡内－129村，下毛郡内－77村，上毛郡内－22村である。

　備後国は，甲奴郡内－12村（階見村，岡屋村，斗升村，水永村，佐倉村，矢多田村，井永村，二森村，国留村，抜湯村，太郎丸村，安田村），安那郡内－2村，神石郡内－22村である。そして，筑前国は，怡土郡内－32村である。

　豊前藩は親藩大名であり，瀬戸内海航路と各港の監督の役割を担った藩である。それ故に，備後国の領地は瀬戸内海の湊を支配するために必要な領地なのである。

　七浦の人達は，諫早の人達とともに，早い時代から東シナ海交易を行った人たちであり，太閤の海賊禁止令以降，七浦の人達と中村家は日本海交易・瀬戸内海交易に専従していたのである。その際に，豊前藩との関係が深まり，婚姻関係が成立していたのである。

第3節　七浦の中村家と北前船

　北前船とは，「買積み廻船」と呼ばれ，航行する船主自体が商品を買い，それを売買することで利益を上げる廻船を指す。

　当初は，近江商人が敦賀から琵琶湖経由の交易ルートの主導権を握っていたが，後に船主が主体となって瀬戸内海・日本海ルートで交易を行うようになったのである。このとき，東シナ海においてマニラ貿易を行っていた佐賀藩は，徳川との関係が深く，やがて幕府御用金との関係で，七浦の人達が徴用されたのである。

　北前船は，京への上り便では，対馬海流に抗して，北陸以北の日本海沿岸諸港から下関を経由して，瀬戸内海を通って大坂に向かう航路の船である。通称，西廻り航路（西廻海運）の名で知られている。後には，蝦夷地（北海道・樺太）にまで延長された。

　佐賀藩の船は，江戸幕府御用と呼ばれ，日田金（幕府御用金）を長崎奉行所と大阪堂島・大阪守護職に運ぶ役割を任されていた[99]。難所瀬戸内海の航路の途中において，親藩大名家の豊前藩が管理する港に寄港する必要がある。中津港，鞆の浦（福山藩・中津藩）などである。

99　久留米藩は日田代官所の米を大坂堂島に運ぶ役割を負わされていた。

《弁才船（北前船，菱垣廻船，樽廻船）》

　北前船のサイズは千石船であり，日本海側では北前船とは呼ばない。瀬戸内や上方の人間が，北前の地域の日本海からやってきた船を指して呼んだものである。（北前船が日本海にでてくるのは18世紀後半頃である。300～600石積の弁才船と呼ばれている。）

　「千石」とは容積を示す単位で1石は0.28立方メートル，千石は280立方メートル（積載重量150トン）である。千石船の帆の大きさは縦，横18×20 m，帆柱高さ27 m，全長が29.4 m，幅7.4 m程，江戸後期には1,600石，2,000石の大型船も登場した。

《江戸時代「五百石以上之船停止之事」》

　西国大名の水軍力を削減するために，1635年の武家諸法度改正によって，「五百石以上之船停止之事」と，西国大名から500石以上の船を没収した。

　3年後に，「しかれども，商売船は御許しなされ候」との新解釈を通達した。交易の便宜の為に復活したのである。

第4節　岡本大八事件と藤津郡

　肥前日野江藩（後の島原藩）主有馬晴信は東南アジアとの交易を行う大名であった。有馬氏の朱印船が占城（チャンパ）に向かう途上でポルトガル領マカオに寄港して，配下の水夫がポルトガル船マードレ・デ・デウス号の船員と取引をめぐって騒擾事件を起こした。この事件を巡って岡本大八事件が発生した。

　有馬晴信には，龍造寺氏との代々の争いで生じた失地を回復するという有馬氏の悲願があった。この地が七浦である。岡本大八は晴信と同じくキ

リシタンであった。

　幕府の許可を得て，ポルトガルへの報復を果たし，家康に伽羅も献上できたことから，晴信は褒賞による領地の回復に期待を寄せていた。

　一方，晴信が先んじて伽羅献上を達成したことから，長崎奉行藤広との間には不和が生じることとなった。藤広は幕府側の先買権を強化するために，有馬晴信と関係が深かったイエズス会ではなく，対立するドミニコ会に接近した。こうした動きは晴信の不満を募らせた。藤広がデウス号の時間をかけた攻撃を「てぬるい」と評したことに腹を立て「次は藤広を沈めてやる」と口走るほどであった。大八はこうした晴信の思惑と懐疑につけこんだ。

　事件の処理について家康への報告から戻った岡本大八を，有馬晴信が饗応した際に，大八は，「藤津・杵島・彼杵三郡を家康が今回の恩賞として晴信に与えようと考えているらしい。自分が本多正純に仲介して取り計らう」と虚偽を語り，仲介のための資金を無心した。晴信は家康側近の正純の働きかけがあれば，これらの旧領の回復は揺るぎないと考え，大八の所望に応じてしまった。大八は家康の偽の朱印状まで周到に用意し，結果6,000両にもおよぶ金銭を運動資金と称してだまし取った。

　やがていつまでも褒賞の連絡がないことに業を煮やし，有馬晴信は自ら本多正純のもとに赴いて恩賞を談判して，岡本大八の虚偽が発覚することとなった。

　徳川家康は駿府町奉行彦坂光正に調査を命じ，翌慶長17年（1612）2月，岡本大八を捕縛する。大八は朱印状の偽造を認めたものの，「晴信は長崎奉行の藤広の暗殺を謀っている」と主張した。本多正純は晴信を呼び出して3月18日，大久保長安邸で両者を尋問した。晴信は藤広への害意を認めてしまった。

　慶長17年（1612）3月21日，大八は朱印状偽造の罪により安倍河原で

火刑に処せられた。翌22日，有馬晴信も旧領回復の弄策と長崎奉行殺害企図の罪で甲斐国郡内に流罪を命じられ，晴信の所領である島原藩（日野江）4万石は改易のうえ没収に処された。

　ただし，家康に近侍していた嫡男直純は，父と疎遠であることも理由に有馬氏の家督と所領の安堵が認められた。晴信には後に切腹が命じられたが，キリシタンであることから自害を拒んで同年5月7日，配所にて家臣に斬首させた。46歳没。

　この藤津郡とは鹿島一帯であり七浦が入っている。七浦の人達は有馬氏の下で東南アジア交易に従事していたのである。

第13章　神代鍋島家と諫早西郷氏

第1節　佐賀藩の飛び地；神代鍋島家

　長崎県の雲仙半島の東北部に鍋島陣屋跡がある。雲仙市国見町神代である。

　鍋島陣屋は佐賀藩36万石の飛地である。佐賀藩家老の1人神代鍋島家6,200石の陣屋であり，国重要指定文化財である。

　国見町神代は，南北朝時代から神代氏が領有していた神代城の跡である。天正15年（1587）の豊臣秀吉の九州征伐後に佐賀地方を領有していた鍋島直茂に神代領が与えられた。直茂は慶長13年（1608），実兄である鍋島信房へ神代領を与えた。鍋島陣屋・家臣屋敷は神代城の麓に築かれている。

　鍋島陣屋跡は，慶長13年（1608）に鍋島信房が築いた陣屋である。鍋島信房は，鍋島清房の嫡男として1529年に生まれた。母は正室華渓で龍造寺家純の娘である。

　父鍋島清房は早くから龍造寺家に仕えた重臣であり，1548年に龍造寺隆信が本家を継いだ際には，後見役にもなっている。

　鍋島清房の嫡男信房は，龍造寺隆信が有馬家から奪った常広城（佐賀県鹿島市）を任され，1576年に修築したといわれている。

　龍造寺隆信が島原半島に進出して，沖田畷の戦いに向かう際には，この神代城（鶴亀城）を一時，本陣としている。

　この沖田畷の戦いにおいて龍造寺隆信は討死し，龍造寺氏を継承した龍造寺政家に鍋島氏は引き続き仕えた。しかし，弟鍋島直茂は豊臣秀吉が九州を平定した際に，龍造寺家に代わり国政を担うよう命じられることになった。

　関ヶ原の戦いでは鍋島直茂は黒田官兵衛らと共に，九州の西軍諸将を攻略した功績もあり，佐賀35万7,000石は安堵となった。このとき，兄鍋島信房が治めていた鹿島は，佐賀藩の支藩として2万石鹿島藩が成立した。

　1608年，弟鍋島直茂の次男鍋島忠茂に常広城（鹿島市）を譲り，鍋島信房は肥前高来郡神代（長崎市雲仙市）に移った。鍋島忠茂は鹿島鍋島家となり合計2万5,000石の支藩となった。

《鍋島忠茂》

　鍋島忠茂は，鍋島直茂の次男である。兄は佐賀藩初代藩主鍋島勝茂である。

　忠茂は，豊臣秀吉に仕え，文禄4年（1595）の文禄の役では父や兄と共に朝鮮に渡海して朝鮮軍と戦った。慶長2年（1597）の慶長の役にも参加している。

　慶長5年（1600）9月の関ヶ原の戦いで，兄の勝茂が西軍に与したため，戦後に徳川家康によって処罰されかけたが，父直茂の命令で西軍立花宗茂を攻めて鍋島家の存続に尽力した。慶長6年（1601）には家康への人質として江戸に赴いた。

　慶長7年（1602）から家康の三男秀忠の近習として仕え，秀忠に寵愛されて「忠」の偏諱を授けられて忠茂と改名した。また，下総矢作に5,000石を与えられ，従五位下和泉守に叙任された。

　慶長13年（1608）に中風を患い帰国を許され，以後は蓮池で養生した。しかし，父や兄からは幕府とのパイプ役として重んじられ，慶長14年

(1609) に2万石を分知され，下総の5,000石と合わせて2万5,000石の大名となり，常広城を修築して居城とし，鹿島藩を立藩した。しかし病気のため，藩政を執ることはほとんどなかったといわれている。

　慶長19年（1614）の大坂冬の陣に，忠茂は病身を押して参加したため，秀忠に激賞された。その後は矢作で療養したが，回復せずに寛永元年（1624）に矢作で死去した。享年41歳。跡を長男鍋島正茂が継いだ。その後，鍋島茂治の飛び地である神代領を継ぎ，代々，佐賀藩の家老を務めた。

《鍋島陣屋跡》

　鍋島陣屋跡を中心とした神代小路地区は，4代・鍋島嵩就のときに神代小路と呼ばれる武家屋敷地が整備された。

　この陣屋跡は，廃藩置県後も引き続き神代鍋島家の所有となっていたが，平成16年（2004）10月に東京在住の同家当主より当時の南高来郡国見町が敷地（約9,400㎡）を購入し，建物を無償で譲り受けた。その後，翌年10月に国見町を含む7町の新設合併で発足した雲仙市が引き継いで所有管理している。

第2節　鶴岡城と神代家

　この鶴岡城は，戦国時代には神代貴茂（神代兵部大輔貴茂）の居城であった。神代氏は最初，日野江城主有馬家に仕えていたが，龍造寺隆信が南下してくると，龍造寺家に臣従して，1577年には龍造寺隆信を神代城にて饗応している。

　沖田畷合戦で龍造寺隆信が討死したあと，近隣の豪族は続々と有馬晴信に寝返ったが，神代貴茂はただひとり神代城にて有馬勢を迎え撃って城を

守り抜いた。

　神代城を落とせない有馬晴信は，和睦すると見せかけて神代貴茂を肥前多比良城に招いて，その帰り道の国見町犬馬場にて謀殺した。その直後，鶴亀城は陥落し，1584年，鎌倉時代より続いた神代家は滅亡した。

第3節　諫早西郷氏

　肥前伊佐早荘（諫早）西郷氏は，室町時代の九州北部で勢力を振るった。肥前高来郡の国衙領部分が高来東郷と高来西郷に再編された内の高来西郷を出自としており，戦国時代には，より西側の伊佐早荘（諫早市と北高来郡）を支配したことが，大永年間の西郷弾正小弼藤原尚善の記録に残っている。

　西郷尚善は有馬貴純傘下で，次代は有馬晴純の弟純久が養子となって家を継いでいる。西郷純久は享禄・天文年間に有馬晴純の副将格として活動した。

　天正年間に活動した西郷純久の子西郷純堯は，有馬当主の有馬義貞や西郷家と同様に有馬より養子に入って同盟関係にあった大村純忠がキリシタン大名となると離反し，後藤貴明，松浦氏と同盟して大村，長崎に侵攻した。

　西郷純堯は龍造寺隆信に降ったが，次代を継いだ子の西郷信尚は豊臣秀吉の九州征伐に参陣せず不興を買ったため，秀吉の命を受けた佐賀の龍造寺家晴（近世諫早氏の祖）に侵攻され，所領を奪われて島原に逃れた。その後，平戸に移住して子孫は松浦の家臣となった。

　この諫早西郷氏の子孫に幕末の英雄である島津の西郷隆盛と会津藩家老の西郷頼母が有名である。

《西郷頼母》

　万延元年（1860），西郷頼母は家督と家老職（家禄1,700石）を継いで藩主松平容保に仕えた。文久2年（1862），幕府から京都守護職就任を要請された容保に対し，政局に巻き込まれる懸念から辞退を進言したために容保の怒りを買う。その後も，藩の請け負った京都守護の責務に対して否定的な姿勢を覆さず，禁門の変が起きる直前に上京して藩士たちに帰国を説いている。西郷頼母の説得は，賛同されずに帰国を強いられ，家老職まで解任され，蟄居させられる。

　明治元年（1868），戊辰戦争の勃発によって容保から家老職復帰を許された西郷頼母は，江戸藩邸の後始末を終えた後会津へ帰還した。このとき，頼母を含む主な家老，若年寄たちは，容保の意に従い新政府への恭順に備えていたが，新政府側から家老らに対する切腹要求に態度を一変した。

　頼母は白河口総督として白河城を攻略し，拠点として新政府軍を迎撃したが，伊地知正治率いる薩摩兵主幹の新政府軍による攻撃を受けて白河城を失陥（白河口の戦い）した。その後二ヶ月以上にわたり白河口を死守したが，7月2日に棚倉城陥落の責任により総督を解任される。会津防衛戦では峠（背炙山）の1つを守ったが，他方面の母成峠を板垣退助率いる土佐迅衝隊に突破されて新政府軍が城下を取り囲んだ。

　若松城に帰参した頼母は，藩主松平容保の切腹による会津藩の降伏を迫ったため，容保以下，会津藩士が激怒することになった。身の危険を感じた頼母は，長子吉十郎のみを伴い伝令を口実として城から逃げ出した。家老梶原平馬が不審に思い追手を差し向けたが，その任に当たった者たちは敢えて頼母親子の後を深追いせず，結果として追放措置となった。

　会津から逃げ延びて以降，榎本武揚や土方歳三と合流して箱館戦線で江差まで戦ったが，旧幕府軍が降伏すると箱館で捕らえられ，館林藩預け置

きとなった。明治3年（1870），西郷家は藩主保科家（会津松平家）の分家であったため，本姓の保科に改姓し，保科頼母と改名している。

あとがき

　この『佐賀の中世史』の執筆中，佐賀大学奉職時代に佐賀県中の市町村を調べ歩いたことを思い出した。

　当時の佐賀大学経済学部は，マルクス経済学が主流であり，近代経済学を専攻する著者の研究領域についての研究成果とその評価はほぼ無視されていた。

　「使えない経済学をやるよりは，佐賀の祭りや伝統でも調べておけ」と経済学部長や先輩教授に言われたことを懐かしく思い出した。

　「浮立」の伝統とその関係市町村を調べたとき，浮立の祭りがある町とない町があることに気がついた。どうも浮立とは海の文化と関係があるという直感がそこにはあった。この経験は鹿島の能古見浮立の経験であったが，それ以後，「第12章」の七浦の音成浮立・倭寇・北前船の話に広がっていった。

　有田焼の歴史を知りたいと有田の柿右衛門窯や今右衛門窯を訪ねて何となく無視されたことを思い出す。中里太郎右衛門さんとNHK佐賀のテレビ番組でご一緒して，佐賀県の「世界・炎の博覧会」(1996年開催)のコメントをしたこともある。

　伊万里焼きと有田焼の歴史については，有田市の賞美堂社長の蒲池さんと論争することもあった。これらの有田の経験は「第5章」の研究のきっかけとなった。

　伊万里の市会議員の満江洋介さんとの出会いは衝撃的であった。黒田藩の志賀島から塩作りの技術者として鍋島藩に請われて来たのが満江氏であ

るという話であった。塩作りで派生する「苦り」が陶磁器生産に必要な釉
薬の沈殿防止剤であったのである。

　加賀市の教育委員長との伊万里大河内金仙窯の金武家での出会いは，今
から考えると大変な歴史的事件の発見となった。「古有田・古九谷論争」の
火中の栗を掴む話しであったからである。その問題解決のヒントは，加賀
百万石前田家が佐賀北方出身であったこと。そして，伊万里の大庄屋前田
家が加賀百万石の本家であったことがことの始まりであった。そして，それ
以後，「奥の細道」で有名な松尾芭蕉の加賀藩訪問と九谷焼の窯がある山中
温泉長逗留の結果としての「鍋島青磁の九谷からの消滅の歴史」であった。
この物語は「第11章」において説明している。山中温泉には今も伊万里を
物語る「松浦酒造」がある。

　伊万里市大河内の鍋島青磁の製作を続けていた金仙窯の金武昌人氏の「金
武の一族は元寇の後に青磁技術を伝えに日本に来た」という酒飲み話が，
元寇の真相を探るきっかけとなったのである。

　鍋島青磁の製作方法を知り，台湾台北市の故宮博物館の青磁を見て，ト
ルコのトプカプ宮殿の王様の日常雑貨の青磁の品々の写真を見たとき，鍋
島青磁の真の価値が実感として湧いて来たことを思い出した。この話は，
「第6章」に出ている。

　以上の話を思い出しながら，今となっては，「使えない経済学をやるより
は，佐賀県中，いろいろと調べなさい」という嫌味な言葉は，結果としては
「私の人生にとって名言であった」と考えて，感謝している。

　2023年夏

　　　　　　　　　　　　　　　　　　　　　　　大矢野栄次

（著者紹介）

大矢野栄次（おおやのえいじ）
　久留米大学名誉教授

矢野生子（やのいくこ）
　長崎県立大学教授

佐賀の歴史・中世史編
― Sagan History II ―
―― 豪族達の攻防史と肥前陶磁器 ――

2023年10月30日　初版発行

編　者　佐賀低平地研究会地方創生部会
著　者　大矢野栄次・矢野生子
発行者　長谷　雅春
発行所　株式会社五絃舎
　　　　〒173-0025　東京都板橋区熊野町46-7-402
　　　　電話・FAX: 03-3957-5587
検印省略　©2023　E. Ohyano　I. Yano
組版：株式会社 日本制作センター
印刷：株式会社 日本制作センター
Printed in Japan
ISBN978-4-86434-175-2